# 共善人間

# 長情大愛滿人間

慈濟已經走過五十五年，若依照人的歲數，五十五歲應該要很成熟了。長年以來，慈濟的慈善走入社區，尤其是海邊、山上、鄉下，只要我們接到的個案，我們無處不在，我們就會去關心。在臺灣社區是這樣做，在天下國際間也是這樣做，都是克服困難、不怕辛苦，只為天下眾生得安樂，這是慈濟人人共同的心念。

我自己常常反省，到底我這輩子，是否有哪裡做不對？哪裡有偏差流失掉嗎？但是我說，我這一生沒有遺憾——於德無缺，那念無失。

德，就是付出；這五十多年來，我常常提起：「滴水成河，粒米成籮」。是啊！就是這樣點點滴滴的累積，我們可以幫助很多地方，有人受災難時，只要慈濟看得到、聽得到、走得到，我們就可以即時去付出。

佛教克難慈濟功德會剛開始時，我探訪貧戶，看到那位孤老無依的李阿拋，他眼睛看不到，住在茅屋裡，旁邊放火爐，破掉的鍋子放在火爐上面，水放下去後，他就切，在切什麼呢？我向前去看，就是番薯根，他是去撿人家不要的、小小條的番薯根這樣在煮。

那時候，我的心就感覺說：「苦啊！人生怎麼這麼苦！」

像這樣眼睛看不太到，又撿草來起火，火爐放在茅草屋邊，萬一火燒起來很危險。因為這樣，我們為他蓋了慈濟援建的第一間房子。

慈濟在很多地方都有很感人的故事，昨天感動人的故事，今天拿起來說，不論是長是短，都叫做歷史。佛陀說：「促一日為永劫。」，就是說在一天或者是一個念頭起，也許就能化為永恆。

感恩當年，莫忘那一念心！感覺人生疾苦、孤老無依，有病啊！誰來照顧？什麼人帶他看病呢？所以有了慈濟。我們不是口頭上的菩薩，是要真、要誠的覺有情菩薩，歡迎各位進來，我們一起再開闊更廣、更大的人間菩薩道；鋪更廣、更寬的愛。

慈濟是一個覺有情的世界，擴大愛、拉長情，將愛普遍於天地宇宙間，天天聽到的都是一個「愛」字，我天天發願、面對的也是愛。所以，人人共同一個愛，這種無限量愛的會合，這樣接起來，無漏洞、無縫隙，總是一個個愛不斷地重重疊疊，人人沒有私我，只有大我。因為我們若沒有真誠的付出，難以帶動人。所以，我們要「共善」還要「共伴」；不只啟發人心善念，還要相伴在人間做好事。

因為人生難得，得到這樣的身體實在不簡單，更難得的是生命有價值——有價值利益人間的生命，每一天都是充滿希望，也是充滿溫馨，真的很有價值感。而且成就慈濟志業，一個人不會有「慈濟」這個名稱，少數人做不起來，需要多數人，需要時間的累積，需要時間不空過；需要時間和大家的會合重疊。

所以，時間是何其短暫啊！我們要把握因緣，來人間，最有價值的是為我們的生命，做出對我們生生世世有利益的事！過去我們是為家庭、為事業，現在我們要為志業，回向給自己，我們要發心立願，這叫做「志業」。

在這樣的時代，天下地、水、火、風四大不調，這種不調和就是氣候有病了、天下山河大地有病了，無形中發生的疫情也是不調和。四大不調下，自然災害、瘟疫、饑饉三大災都有了，要緩和這樣的災情，需要人人發揮愛心、慈悲喜捨。

慈叫作「無緣大慈」，那些受災難人與我們無緣無故，但我們慈悲的心就是要去幫助他們，這叫做「無緣大慈」；我們還要發揮「人傷我痛，人苦我悲」，這叫做「同體大悲」。這個時候正是我們要以同理心，「無緣大慈、同體大悲」，那就是「人傷我痛、人苦我悲」的時刻。

喜捨呢？沒有受到災難的人，大家發大心、立大願趕緊付出，這是我一直在講的：「平安的人要發揮愛心，去幫助不平安的災難人。」

所以各位菩薩，我們虔誠地祈求平安，就要人人儲蓄福。

「積善之家有餘慶」，家庭積善，自然平安，整個社區，家家有餘慶，就是整個社會的祥和。社會人間要淨化人心，人人就要知足、懂得造福，這就是祥和的社會；人人做好事，人人行善事，自然我們生活的空間就能平安有福。

※ 恭錄自 2021 年 1 月歲末祝福證嚴上人行腳開示，6 日臺東、15 日馬來西亞連線、16 日臺南、21 日大林慈濟醫院等場次；及 2017 年《慈濟》月刊 613 期《證嚴上人 · 衲履足跡》證嚴上人開示。

執|行|長|序

# 傳承・共善・永續

1966年證嚴上人以克己、克勤、克儉、克難的精神創立「佛教克難慈濟功德會」，初期與五位弟子，每人每天增產一雙嬰兒鞋，三十位家庭主婦每天省下五角錢，投入竹筒裡，開始慈善濟貧的工作，在上人精神理念的感召下，啟發無數人的愛心。

如今，慈濟慈善的腳步已然走過五十五個年頭，由偏遠的花蓮一隅開展至全球五大洲，迄今援助過122個國家地區。慈濟人秉持證嚴上人「淨化人心、祥和社會、祈求天下無災難。」之宏願，以感恩、無所求的心，日不落地於全球各地社會行善付出，關懷著每一位與我們有緣的苦難眾生，適時給予支持與照護。

慈濟的這分初心不變，從最初傳承至今，並將走向未來。然而，現代社會急速變化，慈善的方法及內容，需要因應趨勢進行創新、改變，才能邁向永續之路。

慈善訪視、濟助貧病是慈濟功德會的緣起，更是慈善志業的根本。因應社會趨向高齡、貧富差距擴大，當2020年，全球COVID-19新冠疫情正炙，臺灣慈濟人除了援助各地縣市政府防疫物資及關懷防疫及隔離人員，慈濟更與各地縣市政府、各級災防機構、公益及救災學術研究等領域積極合作，深耕並擴大慈善關懷面向，優化過去單一入戶關懷貧苦個案的方式，借重公私部門及社區共同照護的多元資訊及力量，推動「安穩家園、美善社區」專案，為獨居長者及弱勢家庭進行居家安全改善、社區長者照顧、鄰里愛心共餐、貧童助學就業、原鄉健康生活、偏鄉農業復育以及其他社會慈善需求面向的協助，打造青銀共好、宜居生活的安穩家園。

與臺灣各地公部門與災防、公益機構的合作，除了慈善之外，更擴大至防災教育、救災平臺、生態環保、公益人文等多面向領域，期許慈濟能在臺灣公益與防護網絡中，發揮更加全面的馳援力量。

放眼全球，病毒危機籠罩、溫室效應持續、財富差距加大、種族宗教衝突……地緣政治越趨複雜，社會變動迭起，各項重大議題更有賴跨領域、跨機構、跨政府和民間團體協同攜手，才有機會保護地球生命共同體。在 COVID-19 疫情漫延，全球各地為防堵疫情，封城、鎖國之際，無疆域同體合作尤其重要。當救援物資調度、即時運送極度困難，慈濟基金會以現代資訊科技聯繫串接，並透過與世界醫師聯盟、國際紅十字會等 NGO、天主教明愛會、靈醫會等宗教組織接力，集全球慈濟人的資源與力量，一一克服種種艱難，防疫支援在前、續以紓困發放。迄至 2021 年 3 月為止，慈濟為全球 90 個國家地區提供超過 2500 萬件防疫援助物資；並在 38 個國家地區進行紓困發放，合計 119 萬戶次 /500 萬人次受益。

2019年，慈濟基金會委請安侯永續發展顧問公司（KPMG）協助進行「公益社會影響力」（Social Return on Investment, SROI）分析，以2018年「板橋靜思堂」為專案評估範圍，透過扶困救助新芽助學、人道關懷災難援助、福利服務健康身心靈、社區關懷落實在地化、接引志工培育與培力、價值倡導、理念傳承幾個面向的客觀指標調查，來衡量慈濟基金會的「社會投資報酬率」，並刊載發表於《慈濟永續報告書》。在2018年板橋靜思堂專案中，若依據慈濟志工自費、自假實況，以「志工無償」角度計算，SROI高達50.37。換言之，一份愛心支出，慈濟將發揮五十倍的社會影響力效益。

感恩社會各界和全球人士對慈濟的肯定，慈濟基金會對於全球人類社會的承諾與實踐，始終不變，我們期許以「全球典範」為目標，持續以「六大友善」——友善希望、友善生命、友善社區、友善環境、友善地球、友善國際，結合慈善、醫療、教育、人文的志業內涵與力量，呼應聯合國全球永續發展目標SDGs，展現國際慈善組織風範，朝向環境永續、管理永續、組織永續、愛心永續的方向，為善盡國際公民責任和使命，持續努力。

顏博文

慈濟慈善事業基金會執行長

# 慈濟基金會簡介

慈濟基金會秉承佛陀「無緣大慈、同體大悲」之信念，以「慈悲喜捨」四無量心，從事濟貧教富之志業。成立五十五年來，全球慈濟人已分布於六十六個國家地區，慈善救援的腳步廣達一百二十二個國家地區。

1966 年證嚴上人成立「佛教克難慈濟功德會」，秉持「一日不作，一日不食」的儉樸精神；成立之初，上人即與五位同修弟子，每人每天多做一雙嬰兒鞋，加上三十位家庭主婦，日存五毛買菜錢，開始從事訪貧救苦之工作，逐步開展出「慈善、醫療、教育、人文」四大志業。從臺灣花蓮一隅，發展為全球的 NGO 組織，2010 年獲聯合國認可其經濟社會理事會非政府組織特殊諮詢地位，2019 年取得聯合國環境署非政府組織觀察員身份，善盡地球公民的責任。

## 慈善志業

慈濟以「人傷我痛、人苦我悲」的人文情懷，超越種族、國家、語言、膚色、宗教信仰的界限。用感恩心付出，以大愛行動膚慰苦難，希冀達到人心淨化、社會祥和、天下無災無難的理想境界。

慈濟志工關懷苦難眾生，不只給予物資上的幫助，更重視心靈的膚慰。透過訪視評估，提供受災及貧病鄉親真正的需求，同時膚慰苦難的心靈。在急難救助、長期關懷、蓋屋建校等各項慈善行動中，重視援助的成效之外，更關注於啟發人性本善的良能。不僅帶動付出者「見苦知福」，體會布施助人的歡喜，找到生命的意義；也讓受助者懂得「感恩回饋」，即使擁有不多也願意涓滴付出助人，形成一股人類互助互愛的美善循環。

## 醫療志業

累積救貧經驗，證嚴上人體會到許多家庭往往「貧病相依」，因此發願為缺乏醫療設施的臺灣東部民眾籌建醫院，提升東部醫療水平，並以病人為中心，推向「人本醫療、尊重生命」的願景。1972 年在花蓮成立貧民施醫義診所；1986 年，花蓮慈濟醫院落成啟用。此後玉里、關山、大林、臺北、臺中、斗六慈濟醫院陸續啟業，建置出全臺完整綿密的慈濟醫療網絡。而在花蓮慈院成立時，亦同步推動「醫院志工」制度，配合醫護團隊，做到全程、全人、全家、全隊之「四全」照顧，達到「身、心、靈」統合療護的目標。

愛心人人皆具，除了慈濟醫院醫護人員之外，一群來自社會各大醫院、私人診所的醫師、藥劑師、護理人員，亦以「醫病、醫人、醫心」為宗旨，於 1996 年組成「慈濟醫事人員聯誼會」，1998 年更名為「國際慈濟人醫會」（Tzu Chi International Medical Association, TIMA），投入偏鄉義診、全球急難救助行列。

## 教育志業

慈濟教育志業體辦學的共同理想和目標，是以「慈悲喜捨」為校訓，「尊重生命、肯定人性」為宗旨；實踐「品德教育、生活教育、全人教育」為目標的優質教育。

1989 年為了培育現代護理人才，提供臺灣東部地區少女就學、就業的機會， 證嚴上人籌設創辦慈濟護專。至 2000 年，完成慈濟幼兒園、小學、中學、大學以迄研究所、社會教育推廣中心等全程、全面、全人之「完全化教育」。並於海外開辦多所大愛幼兒園、慈濟中小學、慈濟人文學校等，涵養學生品格、推廣人文。

慈濟人文教育理念除於校園內推展之外，慈濟志工亦積極在社區成立多種教育功能團體，從「兒童班」、「親子班」、「青少年成長班」、「讀書會」，到校園內的「慈濟大專青年聯誼會」，提供各階段人格薰陶的教育資糧。教師們也成立「慈濟教師聯誼會」，推動「靜思語教學」，以善念、好話淨化心靈，並與社區志工及學生家長結合成立「大愛媽媽成長班」，在校園中推廣生命教育，引領孩子們建立正確的人生觀。期待藉由淨化心靈到淨化社會，從善美的教育養成善美的人格，進而在人與人之間展現出感恩、尊重、愛的生活涵養。

## 人文志業

何謂人文？「人」就是人品典範，「文」就是文史流芳。慈濟以人為本，期待人人依循倫理，敬天愛地，培養內在品德，而儀表言行都能守分合宜，讓人歡喜。慈濟展開慈善志業的同時，人文就已深蘊其間，而後醫療、教育等志業亦與人文息息相關。

慈濟人文志業肩負「為淨化心靈作活水、為祥和社會作砥柱、為聞聲救苦作耳目、為癲狂慌亂作正念」的使命，為時代作見證、為人類寫歷史，創造愛與善的循環。

大愛電視臺、大愛廣播及《慈濟》月刊為非營利公益媒體，以全球愛心清流自許，發揚佛教慈悲濟世、人苦我悲之精神，秉持「報真導正」的原則，為淨化人心、祥和社會而努力。

人文需要智慧的陶養，證嚴上人的開示法語《靜思語》，則是以深入淺出的生活語彙，闡述真實人生的道理，希望每一位讀者都能從中獲得心靈上的澄明與自在，體會到人生的價值；而為了傳揚慈濟人文理念，更有一群「人文真善美」志工，藉由文字、圖像、影音能力的培養，求真、求善、求美，為慈濟留歷史也為世間樹立「人品典範」，讓真善美「文史流芳」。

# 目次

社會
共善

## 賴清德 / 中華民國現任（第十五任）副總統
前行政院長
前臺南市長

**很多國外的朋友來到臺灣說，臺灣最美的風景是人；內心那一股善念所散發出來的種種友善的行為，讓人家覺得很溫暖、很自在、很快樂！**

副總統賴清德參訪臺北慈濟內湖環保站，環保志工在旁解說寶特瓶回收過程。（攝影／劉偉興）

我跟慈濟接觸已經有很多年了。我從政二十幾年，從民意代表開始，當過國大代表、立法委員、市長、行政院長，幾乎每一個場合都會接觸到慈濟人，深深感受慈濟人的了不起。因為慈濟是相當入世，從教育、文化、環保、慈善、弱勢救濟、急難救濟，通通都有在做。

有浪子回頭的朋友，以前也參加幫派，出來之後，成為慈濟志工，在社區幫忙做資源回收。他每個月固定會來跟我收款，其實我也是慈濟會員，從國大代表就開始了。後來，我也發現有不少朋友，每個月都在捐贈，一百塊、二百塊、五百塊、一千塊、二千塊不拘，也都加入慈濟會員。而我當立法委員的時候，臺南的慈濟志工本來是在馬路旁邊的空地上做資源回收，但老是被取締、被趕；我就出面協助，跟監理站借個空間，讓慈濟志工可以去那邊，方便做資源回收。

1999 年九二一地震發生時，我當天下午就到臺中災區去，因為我本身是醫生，想說應該可以幫忙；去到現場，就看到慈濟志工已經在那裡了，幫忙救助、幫忙護送、幫忙料理吃的東西；我一看就說，速度這麼快！後來，我當臺南市長，2016 年 2 月 6 日臺南發生地震，維冠大樓倒塌，傷亡很大。我第一時間趕到，後來不到幾個小時，慈濟志工就到了。因為發生在冬天，天氣冷，慈濟是一天二十四小時在那邊，供應熱食、供應毛毯、供應衣服，什麼都有，一直到整個救災完畢。

另外還有一次（康芮）颱風，雨下得非常大，那北門是靠海，用魚塭養魚的，地勢低窪，有一個叫做「白米社區」水淹了很高、很深，我的車子進不去，我就用走路進去，但走路也過不去。後來，有一輛大卡車就從我後面這樣開進來，我站上去才發現，這是慈濟志工開著超大型的卡車，來送食物給困在水裡面的社區民眾。這些點點滴滴，由小到大、由平常到急難，都可以看到慈濟志工在臺灣的每個角落奉獻，慈濟的精神真的很好。

慈濟讓人看得見具體的作為，除了地震、風災的急難救助，或者是平時弱勢的照顧以外，還有教育、文化的保存推廣、慈善、公益、環保，也讓臺灣社會看到一股行善的力量存在，一個無形的溫暖的力量，也是一股安定的力量；大家知道有困難的時候，慈濟會來幫忙；出現地震或是災難的時候，會想到說有慈濟這股力量可以來協助，這個會潛移默化整個社會，這個力量跟有形的幫助同樣都很大。

2020 年 COVID-19 疫情，臺灣得到國際的肯定，不僅僅是臺灣自己防疫措施做得好，而且願意去幫忙其他國家。所以在一個階段之後，我們就把口罩防疫的物資運往國外，去落實「Taiwan can help，Taiwan is helping」這樣子的一個理念。那慈濟廣大的志工在防疫上，就扮演了相當稱職的角色。有慈濟本身的慈濟醫院，還有海外的慈濟志工運送物資和口罩，援助九十個國家（迄至 2021 年 3 月底為止）。所以政府在做，國際社會看得到；慈濟在做的，國際社會也看得到。等於是慈濟也幫助了臺灣在國際社會上讓人家看到——臺灣有著一份愛心，我覺得這都是非常好的事情。

臺灣善良的社會，許許多多有善心的民眾也是一股善的力量，這是臺灣有別於其他國家的地方。很多國外的朋友來到臺灣說，臺灣最美的風景是人，內心那一股善念所散發出來的種種友善的行為，讓人家覺得很溫暖、讓人家覺得很自在、讓人家覺得很快樂。

善的力量，善！就是因為證嚴上人從最早創立慈濟，從五毛錢的故事開始，只是想要幫助貧病的苦難民眾；從那個念頭發想，開始做起，慈濟一直都在行善。所以善的力量，感召了善良的臺灣社會許許多多有善心的人，加入志工行列出力；沒有辦法來從事志工的人就出錢，而且不是只有大企業家，小老百姓也有，是大家那股善的力量，響應上人的理念。

我覺得上人對全體志工或臺灣社會來說，他就是一個典範，以身作則的典範。讓人家看到他不是為他自己，是為廣大的芸芸眾生，而且這種以身作則的力量，影響許許多多的人，投入志工的行列，甚至也擴大到國際上去。

我相信如果人家看到慈濟做了這麼多的事情，普獲國際社會的肯定，人家也許沒有來過臺灣，但看到你們做這個事情一定會想：「哇！臺灣是一個很棒的國家！」否則的話，怎麼會有一個公益的團體，居然在國際上做這麼多的事情。所以我覺得在公益方面，未來慈濟會是臺灣在國際上的一個指標，這部分希望我們大家能夠一起努力。

## 馬英九 / 中華民國第十二、十三任總統
前臺北市長
前法務部長

**證嚴上人他自己很節儉、很勤奮、很謙虛，**
**提供很好的身教，感動了許多追隨他的人，**
**使他們發展起來上人的風格。**
**我想，這是慈濟成功非常重要的一環。**

2011 年 8 月 6 日莫拉克風災屆滿二周年前夕，馬英九總統巡視高雄杉林慈濟大愛園區，並在第一間完成的大愛屋前簽名留念。（攝影／許惠芬）

我跟慈濟結緣得很早，當時我在陸委會服務（副主委兼發言人），1991 年時大陸華東發生嚴重水災，那時候慈濟有一位李（憶慧）師姊她來跟我們商量，說慈濟希望能夠救助大陸，看需要怎麼樣來處理。雖然臺灣有些人不贊成，不過我個人是非常贊成，而且我也知道這方面全臺灣大概沒有一個團體比慈濟更有經驗，所以後來在多方的協調之後，大陸同意了，此行非常的成功，讓大陸人民對臺灣產生非常多的好感！

記得我們那時候是用苗栗後龍的米，上面印的是「來自臺灣同胞的關懷」，大陸很多人看了很感動，他們也都說，臺灣的米煮起來不用配菜也很好吃。我覺得這些都是為我們臺灣公益團體的救助行動，立下非常重要的歷史紀錄。

其實，在這次救助之前，我對慈濟並沒有這麼瞭解，之後才知道慈濟不只是一個慈善機構，還有著非常多的救援經驗，非常了解受災者的需要，然後能夠爭取所有的努力。

雖然我也曾到過印度，想要了解做為佛教發源地的國度，佛教的發展是如何，但在當地幾乎是看不到。因為這樣的關係，我對於佛教在臺灣的發展有了嶄新的認識。

佛教傳到中國差不多是兩千多年前，基本上佛教相當程度主張出世的，但是慈濟的教義是入世的，我想這是很重要的差別；第二，慈濟教育是入世化，信徒志工化，信徒不是消極地等待佛祖的保佑，而是主動地創造一個可以讓社會接受、感覺的環境；再來是慈濟的管理企業化，很有效率，慈濟要管很多的人、要做很多的事，所以企業界營運的法則，慈濟也學到很多；然後再來就是發展的國際化，不是只在臺灣有慈濟，幾乎是全世界各地甚至不是佛教國度的地方都有慈濟。

例如大家都知道，印尼是個伊斯蘭教國家，2004 年印尼發生大海嘯，我們臺北市也募了幾千萬，也派醫療團去；可是我們這團到了雅加達之後，想要到災區 ( 亞齊省 ) 就進不去了，為什麼呢？沿路還有叛軍。發生如此重大的天然災害，竟然還有叛軍。但是我知道慈濟就進得去，慈濟不但進得去而且還有軍隊協助。後來我們是靠著臺灣在印尼的留臺校友會的幫忙，就完全比照慈濟的模式，才有機會把那救災的物資和款項，幫助在印尼受災的一些華人。這真的讓我學到很多，慈濟在這些地方都樹立一些典範，不但幫助當地人，也讓臺灣人學到很多跟這些國家打交道的技巧。

因為除了秉持著佛陀的教義之外，上人也教導大家「慈悲要有智慧。」這簡單的一個道理，就是讓很多慈濟的同仁慢慢去發展出做人、做事、用錢的方法，這一點是非常難得。同時，上人本身也提供一個很好的身教，他自己很節儉、很勤奮、很謙虛，這就感動了許多追隨他的人，使他們發展起來就展現出一種這個上人的風格。我想這一點是慈濟成功非常重要的一環。而這個跟我們一般企業界講的領導人他的身教，道理是完全一樣的。

慈濟參與的領域非常廣，除了一般的救助、醫療，還有出版、教育，還有各方面，可以說是非常完整的慈善團體，有這麼多的信眾能夠支持，宗教的力量使他們堅定不移地發揮善心。宗教加慈善，加上效率，加上普及，讓慈濟的運轉得非常成功。佛教傳入中國差不多兩千一百年歷史，從來沒有像現在這麼旺盛、這麼接地氣。

慈濟不斷地有會眾加入，很多原來不是慈濟人的變成慈濟人；變成慈濟人是愈來愈堅定，然後努力的範圍愈廣；這所謂「移風易俗」帶來一個正面的社會影響，為公益團體重新定義，也為宗教團體重新定義，這一點我覺得是非常了不起的。

展望未來，我覺得慈濟在社會教育方面，能夠傳播一些更普及的想法，在國際間的活動能夠再增加；上人講說低調做善事就好，可是這不一樣，因為要讓外國人感覺得到臺灣有個慈濟，然後讓臺灣變得不一樣。在我來看的話，宣傳本身如果是善意的，而且是有意義的話，應該要做；我相信像慈濟這樣的團體以它的熱情、以它的效率，還有它的地氣，應該可以做得很好！

## 吳敦義 / 中華民國第十三任副總統<br>前行政院長<br>前高雄市長

**這種民間與政府合作的重建模式，**
**美國當時的總統克林頓先生，**
**與國際世界展望會總裁任開文先生都同聲一致肯定。**

2010 年 3 月 7 日，高雄杉林慈濟大愛園區生活重建服務中心啟用，行政院院長吳敦義（右三）與慈濟基金會副總執行長林碧玉（左三）共同揭牌。（攝影／林道鳴）

我頭一次接觸慈濟是到花蓮，看到慈濟醫院，時間上非常早，但忘了是哪一年？當時我唸臺大，二年級擔任大學新聞的總編輯，因為也有臺大學生是東部花蓮人，所以我全臺灣也都會去看看。

再來接觸到慈濟，那已經是很多年以後，我已經接任高雄市長，2009 年莫拉克風災雖然受災地區是在高雄縣，但那時候高雄縣、市還沒有合併，縣長還是楊秋興，我是高雄市長當然會去關心災情。一個月之後，9 月 10 日馬英九總統任命我擔任行政院長；所以災後一個月，也是頭一次到小林村去，副院長朱立倫、國防部長高華柱、行政院秘書長林中森，還有黃昭順立委他們幾個人也都有隨同前去。

因為莫拉克颱風在短短幾天，就降下相當於臺灣一整年的降雨量，整個小林村遭土石覆滅，其他地區也是遭受豪雨侵襲，陸續有人傷亡，這是非常嚴重的事件。當時還有若干的機構，非政府組織，大概有世界展望會、張榮發基金會等，他們也共同來幫忙。但是這其間幫助最大、調動人員跟經費投入最多的是慈濟基金會；所以非常感謝慈濟基金會，我對證嚴上人永遠感念在心。

慈濟八十八天就蓋好大愛屋，而且效率很高，我看到資料上有寫：「八八災後重建工程的高效率，慈濟功德會新建的杉林大愛村永久屋是最為典型的例子。當年 11 月 15 日開工興建，短短八十八天，即告完成六百零一戶永久屋，讓五百零一戶的受災民眾，得以在 2010 年 2 月 1 號農曆年前搬家入厝，立下此次家園重建工作重要的里程碑。」裡面還講到：「民間組織的義助，至今吳敦義依然感念在心。而這種民間與政府合作的重建模式，美國當時的總統克林頓先生，與國際世界展望會總裁任開文先生都同聲一致肯定。」

2020 年 8 月 8 號莫拉克風災十週年，高雄市政府在杉林辦理紀念活動，我跟馬英九總統都應邀參加。在大愛原民文化公園舉行的「擁抱大愛感恩晚會」，與災民一起回憶當年的災變往事，同時也勉勵國人正視生態環境保育，避免重蹈災難覆轍。杉林大愛村裡面蓋好的房子都很漂亮而且很合用，非常好，所以我對慈濟簡直是敬仰、感謝得不得了，這是多麼重要的一個民間團體！因為它用力最多，而且都是百分之一百出自慈濟的會眾，大家出錢出力，令人感佩。

另外，紅十字會是全球的組織，獅子會也會做一些社會公益的事情，扶輪社也會做，但是慈濟功德會出自本土，然後你光看它兩個字——「慈濟」，就是「慈悲喜捨、濟世救人」，我覺得這個名字，正是慈濟功德會的宗旨跟作風。慈濟人是不受區域的限制，不受性別、年齡的限制，從年輕的小孩到年長的，從男性到女性；對有錢人，也許他會從心靈上的健康提供貢獻，對貧窮的人會給他有實質甚至於精神上的鼓舞跟幫助，我覺得非常好。

所以記得我頭一次到花蓮，聽說那裡有慈濟醫院，我們就去看，我第一個看到的是花蓮的慈濟醫院，這不是政府的，而且是自發的，深耕在我們臺灣這塊寶地，我覺得很欽佩也覺得很光榮。

我也看到很多人對慈濟人非常感佩，我四十幾年來，在政府或者民間的團體或者在國會、在議會、在地方首長，我全都體會到，無論是荒郊野地或者是都會熱鬧地區，都有慈濟人的身影，也都有慈濟人的關懷，這是非常令我感佩的。

所以對慈濟已經進入五十五周年，甚至於將來會到六十年、七十年、八十年、九十年……我們可以這樣地想像與祝福。

## 陳建仁 / 中央研究院基因體研究中心特聘研究員
中華民國第十四任副總統
美國國家科學院海外院士 (2017)

**慈濟整個功德會的努力，**
**有一點像德蕾莎修女所帶領的修會一樣，**
**都是以「愛」做為催化劑，**
**在別人的需要當中看到自己的責任。**

前副總統陳建仁接受訪談時，欣然提及和慈濟十分有緣，與慈濟醫院第一任院長杜詩綿、副院長曾文賓，以及慈濟醫學院第一任院長李明亮皆十分熟識。（攝影／王祝明）

我認識慈濟相當地早，當時慈濟蓋醫院的時候，臺大醫院副院長杜詩綿教授以一個月一塊錢的薪水，到花蓮籌建慈濟醫院（並接任第一任院長），杜詩綿教授當時是跟我一起做鼻咽癌的研究，所以我就聽說慈濟很慈悲、很有善心，願意在偏遠的花蓮蓋醫院，真的了不起；接著曾文賓教授（慈濟醫院第一任副院長、第二任院長）是我研究烏腳病的前輩，我跟他請益很多，他們就有請我到醫院去，給他們做一些演講。

後來李明亮教授當慈濟醫學院（第一任）院長的時候，他本來想延攬我去當公共衛生學系的系主任，但是因為我在臺大還在忙，所以我就沒有同意，但是也跟李明亮教授很熟悉，所以我跟慈濟的醫療體系，還有教育體系的因緣比較早。我在衛生署的時候，在 SARS 期間，慈濟醫院在花蓮那邊也很努力配合；還有南亞海嘯災難當時，慈濟志工是實際上到印尼去，做了緊急救難的工作，相當地了不起。

蕭正光教授以前在慈濟大學公衛系擔任系主任，然後他就有跟我提到，他在慈濟教書的時候，他所感受到的愛心，後來他也幫慈濟做骨髓捐贈的工作。整個慈濟骨髓資料庫在亞洲，甚至全世界是相當了不起的一個成就，而這個成就幫助了很多需要骨髓移植的人，這在當時來講是一個很重要的創舉。我也聽蕭教授講到，證嚴上人覺得這樣的工作很有意義，所以即使是花了相當大的人力、物力來建立這個骨髓庫，也一點都不遲疑，就勇敢以赴。

這讓我體會到慈濟有幾個很重要的精神：第一個，是充滿智慧，因為這件事情，確確實實對於醫療進步有很大的貢獻；第二個，是充滿慈悲，它能夠體會整個骨髓捐贈的過程，對於弱勢家庭的照顧是相當地重要；更重要的是一個廣泛的愛心，不止在臺灣，甚至在全世界都能夠照顧到，以我所了解的骨髓捐贈來說，這是很大的創舉，也是很有決心、很有魄力、很有遠見的工作。

其實慈濟的愛心，還有能夠很廣泛地提供各式各樣的服務，對我身為一個天主教徒來說，一點都不陌生。我常比擬說，慈濟整個功德會的努力，有一點像德蕾莎修女所帶領的修會一樣，兩位都是傑出的女性領導者，都是以「愛」做為催化劑，讓所有志工都願意一起來幫助需要幫助的人；在別人的需要當中看到自己的責任；有規劃的、秩序的、紀律的方式，來做好各式各樣慈善的工作。以宗教的情懷來推動，我們看到的不只是愛心，也有很好的管理體系，更重要的，有很多的志工願意在一起合作，能夠彼此合作來幫助別人。

我在總統府工作的時候，當時本篤會在臺灣開亞太地區的大會，有東南亞地區的神父、修女都來開會，其中一位菲律賓的修女就跟我說：「陳副總統，你知道這一個慈濟功德會嗎？」我說：「我當然知道，這是全世界有名、臺灣有名的！」她說：「你若碰到慈濟功德會的人，一定要跟他們說，謝謝他們喔！」當菲律賓有颱風的時候，村莊被毀滅的時候，慈濟竟然幫他們蓋了新的村莊，他們都很感激。她說，這就是真正的愛的表現！也真正地彰顯了臺灣人很好的慈悲跟善良，她真的很感動。

我親身的體驗則是在九二一震災的時候，我帶領臺大公衛學院的學生，到那個地方去幫忙，有好幾餐都是吃慈濟功德會提供的餐飲，所以也讓我體會到什麼叫有效率、有組織、一個好的慈善團體，慈濟功德會是當之無愧。

我想未來的世界，一定是網路的世代，是一個人工智慧的世代，而且是一個全球化的世代，慈濟已經在未來的道路上，往這個方向在走。在這個數位的世代裡面，我們怎麼樣把我們的文化、醫療、教育的工作利用數位學習的方式，還有數位傳播的方式，讓更多的人來了解，慈濟所做的事情，還有所提供的服務，所以這個數位化未來是很重要的。

未來如果能夠透過人工智慧的方式，設計一些網路上可以服務的項目；譬如說，怎麼樣提供更好的人與人之間的關懷，然後用機器人的語言，機器語言的方式來照護等等。在未來數位化的時代，運用人工智慧的科技，我想可以幫助慈濟在所有慈善工作的進行上，做得更有效率。

那在全球化的時代裡面，慈濟功德會也可以跟大規模的慈善基金會來做更多跨國的合作；舉個例子，像比爾 · 蓋茲的基金會，還有很多大的基金會，實際上也都有做全球性的工作，將來如果跟全世界的力量結合在一起，我相信對全人類，都會有更大的貢獻。

## 陳菊 / 中華民國現任（第六屆）監察院長
前總統府秘書長
前高雄市長

**慈濟人的身影，**
**總在最需要幫助的時候，伸出最溫暖有力的手；**
**一如慈濟給人的感覺，慈悲濟世、溫暖無比！**

杉林大愛園區第二期永久住宅完工，2011 年 10 月 2 日舉行歡迎入住茶會。慈濟基金會副總執行長林碧玉（左）將象徵五十二個國家愛心的永久屋模型，轉贈給高雄市長陳菊（中），再由市長轉送給二期住戶代表謝先生。（攝影／唐江湖）

我擔任高雄市長的期間，經常與慈濟的師兄、師姊，志工們有所接觸，尤其在高雄遭遇災害、亟需援助之時，每每總能看見慈濟人的身影，在最需要幫助的時候，伸出最溫暖有力的手。一如慈濟給人的感覺，慈濟人慈悲濟世、溫暖無比！

令我印象深刻的是莫拉克風災後，由慈濟基金會所興建的杉林慈濟大愛園區，為當時莫拉克風災的受災戶，提供了一個可以遮風避雨的家，不只溫暖了鄉親的心，也保全了大家。

慈濟發揚善行義舉，不只在臺灣，也出發邁向國際，進行各項人道救援。慈濟帶去的，不僅是人道關懷與人性光輝；更重要的，是向世界宣揚臺灣這塊土地的愛與友善，是民間外交的最佳典範。他們的慈悲與愛，不因語言、種族、國界而有所差異，一路走來、始終秉持如是精神與善舉，因此成為全世界著名的慈善組織。

我想，善念是一種無差別的美善，善行是一種無分範圍的義舉，因此慈濟對於人類社會，是一種心靈的提升、一種良善的推廣，藉由各面向進行扎根，由慈善、教育、文化，向內心耕耘；由醫療、環保、急難，向外顯植福，藉由內外合一的方式成就完人，達到「福田一方邀天下善士，心蓮萬蕊造慈濟世界」的慈濟理念。

## 吳釗燮 / 外交部長
前總統府秘書長

**此次疫情期間，臺灣在雙邊及多邊架構下與各國攜手合作防堵疫情，迅速結合慈濟和各民間組織投入援助工作，並捐贈醫療物資及分享成功防疫經驗，深受國際社會肯定。**

外交部「非政府組織國際事務會」慶祝成立二十週年，2020 年 10 月 14 日在臺北賓館舉辦茶會，同時頒發傑出貢獻獎，表彰 NGO 在國際參與及推動人道援助的卓越貢獻。外交部長吳釗燮（前排中）與全體人員合影，「佛教慈濟慈善基金會」獲頒人道救助類獎，由執行長顏博文（中右三）代表領獎。（攝影／顏福江）

相信大家講到慈濟，最先想到的是在九二一強震時，慈濟人迅速在重災區提供災民熱食、物資及醫療服務，並建造組合屋。慈濟人迅速救災及快速動員的能力，讓人印象深刻。2020 年十月外交部非政府組織國際事務會成立二十週年慶的茶會上，慈濟慈善事業基金會也因其無私貢獻，獲頒人道援助貢獻獎。

1966 年，證嚴法師於花蓮創立慈濟功德會，募集來自草根的捐獻及心意，鼓勵做志工服務，也透過海內外志工的急難救助，落實了「Taiwan can help and Taiwan is helping」的理念。像是推廣環保志工，協助帶動臺灣垃圾分類及資源回收的風氣，並研發以環保材質製成的毛毯，在國際賑災救援行動時送給受災戶，將臺灣的愛心傳送給需要的國家及民眾，這些舉動不僅落實環境永續的觀念，也強化了臺灣與世界各地的連結。

慈濟也與外交部及農委會合作捐贈白米至史瓦帝尼、海地、宏都拉斯、南非、印尼等十六個國家，向各國展現臺灣樂意協助世界各國的誠意。值得一提的是，在近年最大規摸的國際人道危機——歐洲難民潮中，政府和民間組織共同合作，在約旦、土耳其及伊拉克等國捐贈組合屋、醫療設施及照明設備，辦理職訓等計畫以協助改善難民生活，慈濟也是最早投入援助的 NGO 團體之一。慈濟也曾於 2010 年獲聯合國經濟暨社會理事會肯定，授予非政府組織特殊諮詢地位，因此有機會參與聯合國相關會議，並提供建議給聯合國秘書長、各國政府及其他國際 NGO。

2020 年 COVID-19 疫情肆虐全球，再次印證病毒無國界，全球防疫不容許有任何缺口，惟有全球各國都成功抗疫時，國際社會才會真正地安全。在此次疫情期間，臺灣在雙邊及多邊架構下與各國攜手合作防堵疫情，迅速結合慈濟和各民間組織投入援助工作，並捐贈醫療物資及分享成功防疫經驗，深受國際社會肯定。不但讓全世界看到臺灣的力量，也讓國外的朋友了解到臺灣貢獻國際的意願，提升臺灣的國際能見度。

外交部很珍惜與慈濟的夥伴關係，希望往後也能持續與慈濟攜手，把臺灣的愛傳到世界各地。

## 徐國勇 / 內政部長<br>前立法委員

**我常說，政府能力有限，但民力無窮，宗教團體更是政府最重要的夥伴，與最強大的後盾。**

為肯定並宣揚宗教團體投入社會公益事務及對臺灣社會的貢獻，內政部於2020年8月31日舉行「2020年宗教團體表揚大會」。慈濟功德會已連續十三年獲得表揚、肯定；由內政部長徐國勇頒獎，靜思精舍德𥟐師父代表領獎。（攝影／李佩璇）

慈濟在臺灣走過半世紀，是臺灣最重要的宗教團體之一。我在多年前因緣際會，接觸並認識慈濟，後來更成為慈濟的榮譽董事，只是因工作的關係，一直沒有時間做志工，但是對於慈濟志工的印象卻很深刻。

自從2018年7月擔任內政部部長以來，我就有更多的機會與臺灣各類宗教團體進行各種交流，也經常在宗教團體舉辦慈善活動的場合，看到包括慈濟在內的不同宗教團體志工，不約而同發著歡喜心做善事，令人深受感動，同時也深刻體會到，正是因為我們的宗教團體，平日深入社會偏鄉角落，從事老人照顧、關懷弱勢等各式各樣的社會服務工作，把資源與關懷延伸到政府不及的地方，才能讓臺灣社會安定並穩健發展。

這幾十年來，慈濟志工藍天白雲的身影，除了不斷穿梭在臺灣每一個角落，給予貧病民眾溫暖的濟助與關懷，而且總是能在第一時間趕到急難現場，即時給予現場受難人員與救災人員必要的支持及協助。可以說，每每在慌亂、哀慟的災難現場，大家只要看到慈濟志工的出現，就能感到心安定下來了，慈濟志工確實是我們臺灣最珍貴的資源。所以我常說，政府能力有限，但民力無窮，宗教團體更是政府最重要的夥伴與最強大的後盾。

2020年全世界都面臨疫情嚴苛的挑戰，在這艱難的時刻，更需要國內各宗教團體與政府攜手合作、共同防疫。我曾經在國內疫情最嚴峻的時候，邀請民間攜手共同防疫，當時包括慈濟、萬華龍山寺與中國佛教會在內的許多宗教團體，立即響應並將努力集結的各類防疫物資捐給政府。這份來自宗教團體的大愛與對政府的支持，令各界非常感動。也要特別感謝慈濟，從疫情爆發到現在，持續動員人力、物力，以實際關懷行動，捐贈防疫物資支持內政部的檢疫工作，並且不斷給予我們警政、民政、消防、移民業務等，站在防疫第一線的基層人員，最溫暖的支持與陪伴。

諾貝爾和平獎得主德蕾莎修女曾說過：「我一生沒做甚麼大事，只是以大愛做每一件小事。」我想，無論是佛教、道教、基督教、天主教或是伊斯蘭教，所有宗教的本質，都是以服務大眾為目的，帶給人心安定與勇氣，對於不認識、沒有血緣關係的人，都心存慈愛關懷。我非常尊敬宗教人士這種無私奉獻與大愛精神，所以自從擔任內政部長以來，最高興的一件事，就是在內政部所舉辦的一年一度的宗教團體表揚大會上，可以親自感謝、表揚這些致力行善的宗教團體對社會的貢獻與付出。2020 年也很榮幸能親自把這個獎頒給慈濟功德會，這也是慈濟功德會連續第十三年獲得內政部的表揚。

我們可以看到今天慈濟的志工從臺灣走到世界各地，慈濟志工來自世界各地，他們有穆斯林、基督徒、天主教徒及佛教徒，慈濟的國際救助，跨越種族、宗教、國界、文化，始終秉持「走在最前、做到最後」的大愛精神。可以說是慈濟啟發了臺灣千萬顆的愛心，不僅讓臺灣成為國際間愛心密度最高的寶島，也讓臺灣的宗教團體及其慈善志業受到國際的肯定及讚揚。

慈濟走過五十五年，相信慈濟每位志工，仍會以大愛、善念及真誠、快樂、 開濶的心，勤勞做好每一件小事，積沙成塔，共同協力在下個五十年，再次打造出另一個感恩、感謝及感動的傳奇，讓臺灣的慈濟成為世界的慈濟，讓慈濟的信念、價值與實踐，成為人類共有的美好資產。

## 林興春 / 內政部移民署副署長

後疫情時代，處於一個心比較亂的時候，
證嚴上人每年發的慈悲宏願——
「淨化人心、祥和社會、天下無災無難」，
是社會穩定的最大力量。

2014 年慈濟舉辦「七月吉祥月」系列活動，時任內政部入出國及移民署國境事務大隊林興春大隊長（右）專注參與活動彩排。（攝影／宋炳章）

1994 年的時候，我想做些行善的工作，所以在一本雜誌裡面，剛好看到慈濟的訊息，就以一張劃撥單跟慈濟結了緣。後來慈濟的師兄跟我聯繫，過程中間，不斷地參加慈濟的活動，進而認識了慈濟。

九二一賑災時，我們也做過學校的希望工程，做的時候常講說——能夠幫助人家是有福的人；因為同一個時段在醫院裡面，有很多人正在受苦難，他們沒有辦法自由地活動，哪怕是喝一口水，可能也會吞嚥困難，所以我們應該更加珍惜。

而不管是慈濟的師兄、師姊或是參與的民眾，其實大家都是同體一心，就是「無緣大慈、同體大悲」的心態，秉持著慈悲喜捨入人群、拔苦予樂這個理念。大家都化小愛為大愛，期盼這個善，能夠在每一個角落中循環。大家在這種無私的理念之下，自然就會凝聚愛跟善，逐步形成一個很大的力量。

個人感覺慈濟的四神湯——知足、感恩、善解、包容，用於公務上或私人，對我個人領受都蠻大的，使我在整個工作的情緒上，無論是身、心、靈各方面都受益。很多東西就看得很淡，很容易跟別人用很圓融的模式處理，就可以化解不必要的爭執。

像這次疫情，慈濟有支援移民署口罩，還有防護面罩等等。其他地方慈濟也給我們很多的資源，譬如我們的四大收容所曾受贈一批毛毯，在寒冬的時候，每個收容人能夠蓋上慈濟毛毯，會讓他們感覺到更溫暖；也有慈濟人醫定期會去做關懷、義診；還有對境外漁工的部分，也做義診。證嚴上人一直很希望這些比較弱勢的人員，不管是身、心靈都能夠得到膚慰，我們就透過慈濟人去達成他們所需要的膚慰。

目前後疫情時代，處於一個心比較亂的時候，證嚴上人每年發的慈悲宏願——淨化人心、祥和社會、天下無災無難，是社會穩定的最大力量。我們一直希望能夠去幫助別人，讓這個社會能夠更祥和，而慈濟一直在做膚慰的工作，就是去撫慰人心；如果人心能夠安定下來，進而整個社會乃至於國家，都會非常地祥和。

## 柯文哲 ／臺北市市長
臺大醫學院外科教授

**慈濟對我來講，就叫「福田」，就是「善心之田」。它提供一個善心園地，讓大家來發善心、做好事。**

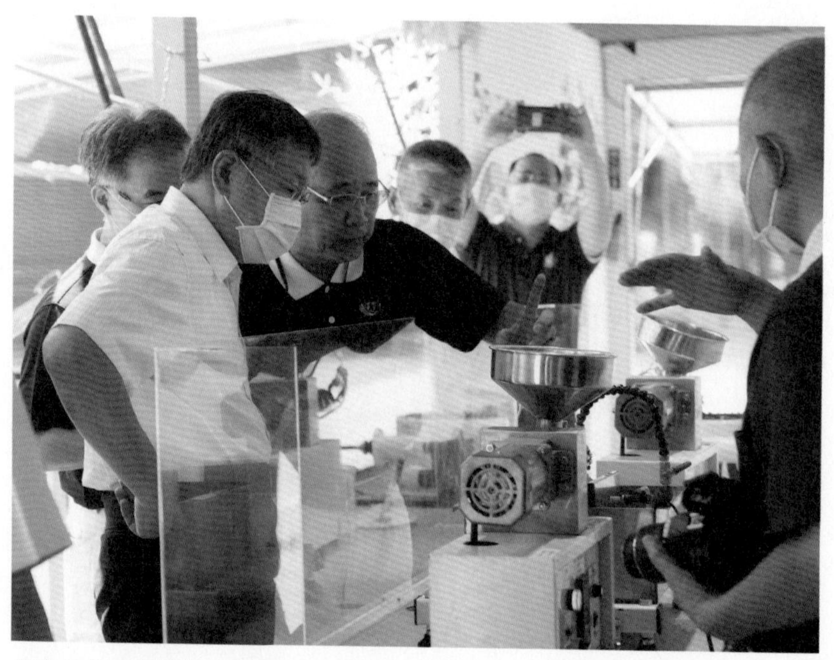

慈濟環保三十周年，慈濟基金會特別打造「慈濟行動環保教育車」，2020 年 9 月 8 日巡迴至臺北市信義區香堤大道。市長柯文哲（左二）專程前來參訪。慈濟志工為市長導覽介紹大愛環保一條龍，演示從環保酯粒、抽絲、編織的過程。（攝影／李政明）

記得還在臺大念書（1979 年）的時候，我還是慈濟會員，那時一個月繳五十元，我也是繳了好幾年了，後來因為在臺大醫院當住院醫師太忙才停掉。我記得是開刀房的一個護理師在幫我們收，我們同仁一個月五十元護持這種資源。其實慈濟對我來講，就是叫「福田」，就是說「善心之田」，播下愛心的種子讓它長大；它提供一個善心園地，讓大家來發善心做好事，這是我的想法。

臺灣有沒有需要多一個百貨公司？有沒有必要多加一個營利的公司？但是多一個慈濟對整個臺灣，不管是社會的和諧、社會的進步或是國際的可見度都比較好。實際上慈濟已經成為臺灣的一個品牌，在國際上臺灣會被看到其中之一的原因是慈濟，我認為它是臺灣的品牌。

還記得，我去土耳其的時候，就覺得奇怪，慈濟師兄去幫忙的是那位穆斯林——胡光中，他本人也是穆斯林；所以我就覺得奇怪，慈濟的志工還有穆斯林，而且他幫助的還是穆斯林，也是很奇怪，表示說這種愛心、善心是可以跨越族群的。

另外，發生災難的時候，救災人員還沒趕到，慈濟人都已經到了；政府的資源還沒來，政府的救災部隊還沒到，慈濟就已經到了，更快！所以它就是救苦救難，常常是老百姓最有感的，不僅是對臺灣，對外國也是一樣。

我覺得組織力和行動力是慈濟成功的秘訣。這組織是比方說，教育、人文、醫療，這一點慈濟的組織還蠻專業的；發揮的行動力，政府的救災部隊沒到，慈濟已經到了。我認為它是發自一種愛心；有愛心、有善心，就好像中央有一個軟體去驅動，而那個驅動的程式就是愛心。所以慈濟也不會去爭權奪利。

由於我對醫療的領域比較熟悉，還記得 1986 年花蓮慈濟醫院開幕的時候，我在臺大當醫生，從實習醫生到住院醫師，就去花蓮慈濟醫院當住院醫師一個月，然後還要吃素，我都沒有跑出去偷吃，乖乖吃一個月。我覺得慈濟的醫護人員教育得很好，我們當醫生當久了，有時候會罵病人，大部分病人看到醫護人員會跑掉，倒是慈濟的醫護的人員，他不會罵病人，比較有耐心，醫病關係比較好一點。對病人的處理，比較不會惡言相向，比較有愛心！它就是一個慈善醫院。

慈濟本身也是一個很具創新能力的團體，因為我看過香積飯和福慧床這兩樣（賑災的慈悲科技產品），我說奇怪，很難想像做善事也能具備企業的能力。慈濟是一個非常具有企業創新能力的慈善團體。我認為慈濟做得很好，會不會有批評？一定會有的！常常說那是很少數，也不是說不要理會，就說我們可以接受這世界上有人看到的不一樣，這樣就好了。

活在世界上，人家說是常態分佈，用閩南話講，就是「一樣米養百樣人」。這部份我最有感觸，我自己當醫生非常清楚，不要幻想說，這世界上的人百分之百支持你，這是不切實際的期望。我們當醫生也知道，你每天在救人，你覺得百分之百的病人都感謝你嗎？但是百分之九十九點五的還是會感謝。所以不要為了百分之零點五放棄了九十九點五，這是一種人生哲學。

我是覺得這樣，莫忘初衷就可以了，保持那種愛心。慈濟到現在也已經相當地成功，是一個具有企業能力的慈善團體。比較難的是要維持一百年、兩百年，這比較困難。我覺得不管是怎樣，莫忘初衷，只要維持這樣子做下去就可以了。

## 侯友宜 / 新北市市長 前內政部警政署署長

**臺灣進步的原動力，
來自於善念越集越多，正氣力量越來越大；
慈濟人的社會教化，是身教比言教，
做了更多的一個宗教團體。**

由慈濟基金會、慈濟科技大學共同舉辦「第一屆全國慈悲科技創新競賽」，廣邀青年學子一起腦力激盪，投入相關救難設備創新研發。2017 年 6 月 11 日在新北市新店靜思堂舉辦記者會，時任新北市副市長侯友宜親自出席，體驗行動廚房烹煮熱食的過程。（攝影／顏福江）

我跟慈濟接觸，應該是在二、三十年前的警察時代，我是一個必須面對生死槍戰的刑警，而每次帶著同仁在執行任務過程中，難免有死傷。當同仁遇到這樣的狀況，難免會造成心理的創傷；家屬需要得到很多的慰藉與關懷，甚至於他的子女未來的人生路程，都需要有人給予協助，而慈濟剛好在那個時候，扮演這樣的角色，當碰上個案需要的時候，慈濟人會來幫忙，剛開始都是用關懷協助的立場。

後來我們警察就有成立一個「慈濟警察暨眷屬聯誼會」，很多同仁去參加，也藉著宗教力量來改變他自己，也化成力量來協助自己的同仁；所以就成為我們警察裡面，一個很重要的宗教團體，所以我也一直很感動。

後來，我在新北市待了十年，有非常多的機會跟慈濟人在一起，因為我面對的就是新北市很多的重大危難，以及很多急難救助的弱勢族群需要被幫忙；所以每一次在救災的過程當中，看到慈濟人奮不顧身做為政府的後盾，我都非常地感動，他們比起政府機關的各部門投下的人力、物力、精力，甚至覺得超過甚多。

這十年當中，我經過許多大大小小的重大事情，像2015年八仙塵爆的事情發生以後，慈濟在各醫院都有關懷照顧據點，陪伴家屬度過難關。尤其慈濟有醫院可以全心地投入，真心給受到傷害的這些孩子們，然後陪他們走過很長的一段時間。

同年，蘇迪勒颱風也造成烏來受創，沿著新店溪兩岸所帶來的泥沙衝擊，使得房子倒塌，還有沖進屋裡。慈濟人不畏困難，花了很多心血，以及號召大家群策群力去剷除泥巴，幫忙重建房屋，讓他們能夠恢復生計。而且不是只有去一天、兩天，是長達兩、三個月，讓我們災後重建能很快地復甦。

所以光是這兩次重大事件，對我來說，要靠自己的力量，是沒有辦法完全做到的，還是必須仰賴慈濟人的幫忙。慈濟人在整個救災的行動上，完全不需要政府的協助，除了自備人力以外，還有物力；包括準備伙食的行動餐車，還有分配送餐的人力，每天調整需要支援的項目和工具，甚至有些政府沒有的救災工具，他們都有配備可以提供出來。展現出一流的救災能力，就像螞蟻雄兵大部隊一樣，也可以說是愚公移山，解決了政府很多困難。

救災完成後，還有很多未來善後的心靈輔導、災民安住跟救濟，慈濟都一併到位，長期地照顧著他們。有些受傷的心靈需要慰藉，慈濟就藉著宗教來給他們扶持，面向非常廣泛，急難的救助、急難的救災、長期的關心跟輔導就隨著來，整個很完整。

當這些比較辛苦的民眾可以自立自強以後，慈濟還要做長期的觀察，從旁協助，讓他們能夠遠離痛苦、遠離悲傷，能夠重建家園，這也是讓我非常感動的一件事。

雖然我不是慈濟人，但因為我跟慈濟接觸很長一段時間了，我感同慈濟菩薩心腸的理念，願意為社會付出。剛好這些事件，都是政府帶著在做的人，和慈濟並肩作戰，點點滴滴，我都有跟他們一起共事、一起參與，可以分享到慈濟人真的是全心全意地在做善事。

我總覺得慈濟人真不簡單，新北市還有太多面向，尤其對一些弱勢族群的關懷，它不像救災，不是在那個時間點救完就結束，它必須要做長期付出的關懷，包括課後輔導的孩子、獨居老人、身心障礙朋友的支援。我待在新北市這十年，可以說，三天兩頭就會碰到慈濟人，他們用善的歷練，然後不斷地用正向鼓勵這些人，讓這些比較苦難的、辛苦的，我們的市民們能夠走出痛苦、走出陰霾。慈濟人在整個付出上，善的循環的力量讓我們更偉大，也可以說是我們心目中的菩薩，讓菩薩的心隨著善念到新北市的正向的力量，形成一股正氣。

慈濟在很多的善念的闡釋上，能夠深植民心，而且是帶頭開始做。像環保已經做了三十年；慈濟志工要讓環境改變得更好，不怕髒、不怕人罵，讓很多廢棄物透過資源回收達到有效的利用。醫療方面也一直做得很好，不是只有醫療機構，還到偏鄉去給予弱勢族群關懷，而且深入到最底層的基層民眾；醫療不是等著民眾來看病，而是走出去關心民眾。而慈濟志工的助念，也算是心靈的醫療，讓很多苦難的家屬，能夠減少傷痛，陪伴一起度過最困難的時光。

對我來說，我是一個警察，我非常重視公平正義，更重視一個社會文明國家的進步。臺灣進步的原動力，是來自於善念越集越多，正氣力量越來越大，慈濟人的社會教化，是身教比言教做了更多的一個宗教團體，他甚至領先，闡述的不是一個宗教的理念而已，他是化作行動去實踐，能夠穿透在所有的民間裡面，贏得正向的力量。臺灣雖然看起來政治紛紛擾擾，我們社會還能夠循規蹈矩地往前走，這些中道正向的力量，來自宗教界很多的幫忙，慈濟在裡面就是扮演一個行動實踐的宗教力量，這才是我們臺灣最可貴的資產。

它不是來自於上位的人，是來自於這些普羅大眾藉著用正向力量，藉著宗教闡釋人性、關懷人性的力量，讓它匯集在一起，慈濟就是扮演這樣的一個角色，所以慈濟很重要，它讓臺灣正向力量不斷擴大，更能夠挺住往前走，所以臺灣面對風雨為什麼都能夠迎刃而解，又能夠屹立不搖，這就是慈濟的力量，這就是宗教的力量，大家一起走。

## 盧秀燕 / 臺中市市長
前立法委員

我覺得慈濟建立了一些典範。
第一個典範就是「志工社會」的概念，
做慈善不一定是有錢人才有能力，
任何人只要你有心，都可以做慈善工作。

2020 年是慈濟環保三十周年，慈濟基金會特別打造的「慈濟行動環保教育車」全臺巡迴，慈濟志工送上用回收寶特瓶蓋製成的小燈籠吊飾，贈予前來參訪的臺中市長盧秀燕（中）。（攝影／許順與）

其實慈濟剛開始在做社會服務的時候，我就有接觸到。因為我擔任記者的時間很久，從政的時間也很久，以前擔任記者，就有一些相關的採訪，後來從政二十多年當中，當然在各個角落也常常看到慈濟服務的身影，都有接觸，也都有些見證。

我覺得慈濟建立了一些典範。第一個典範就是建立「志工社會」的概念；早期的時候，二、三十年前或三、四十年前，臺灣人對於做慈善是沒有什麼概念的，當時做慈善可能就是有錢人才能夠做慈善。但是慈濟的發展是一些家庭主婦，一般的平民百姓，從五毛、一塊錢這樣開始，任何人只要你有心，有些透過身體力行，透過實際的服務，都可以做慈善工作，而且是大家一起來做，不是單打獨鬥的。

所以，慈濟的組織早期建立起來，就是從一般的百姓開始，大家進行，建立起這個社會志工，這樣一個典範。後來其它的宗教事業或社會團體，也來學習這樣的一個精神，學習這樣的組織。

第二個慈濟讓我印象深刻的是「愛要即時」，所以慈濟動作很快，做的比說的還多。一般我們在做慈善的時候，常常有很多的大道理、很多的計劃、很多的理念，可是落實在行動上是比較弱的。可是慈濟這樣的一個志工組織，讓我們印象深刻的是「愛要即時」，當這些貧病在被發現的時候，或者是危難需要救助的時候，慈濟的志工們都會在第一時間，在困苦的地方、在危險的地方或者是在更辛苦的地方，就在現場穿梭，我想九二一就是最好的典範。

我也看到國外有很多天災地變的時候，當地的慈濟志工第一時間，就會開拔到現場去，然後非常有組織——搭帳篷的搭帳篷，煮熱食的煮熱食，然後給予毛毯的給予毛毯，做心靈撫慰的做心靈撫慰。所以第二個讓我印象深刻的是「愛要即時」。

第三個慈濟給我比較深的印象是「不求回報」。慈濟志工在行善的過程當中，他做了——愛要即時，很快到達現場，可是達成任務、達成救援以後，他們就撤退了，他也不要求什麼回報。他不會說一定要有一個對價關係，接受表揚等等，他們常常最早到，但是默默地撤退。

我覺得最主要的是「愛」，把個人的小愛化成大愛。證嚴上人見證社會上許多辛苦的人，他很愛這個社會，希望每個人得到幫忙，每個人過得好。但個人的力量單打獨鬥非常有限，所以他不斷地弘法、講這些理念、建立慈濟，感動很多人；其實人性本是善的，人是有愛的，所以上人喚起人性的良善面和內心的那分大愛，把它聚集在一起，就變成一個更大的力量，來協助社會、幫助弱勢民眾。所以我覺得上人會去做這件事情，就是因為這樣的愛是巨大的、是無畏的。

慈濟現在已經變成一個全球的組織了，任何組織都要面臨兩件事情：管理跟傳承。你要發展，你要達到目的，都會面臨這樣的問題。所以不能光是一代做得好，要每一代都做得好，而且還要繼續傳承，要永續，這個很重要，所以不要喪失精神；有時候過於追求組織的管理，或者是本身的擴大，就會忘了初心。

我覺得初心很重要，不管慈濟或政府，任何的公、民營組織，在我們的組織管理得好，產生績效的同時，不要忘了我們的初心，就是要為人民服務。慈濟就是做慈善，慈濟慈善的組織，在這種情況之下，它的初心也是一樣，服務社會、濟貧扶弱，讓愛的力量能夠聚集，能夠更有效地運用。

臺灣並不大，所以如果是從我們立足於臺灣，然後發揚於世界各地，那我們當然是非常驕傲。現在的術語就是「品牌」，不管是公司的品牌、製造的品牌，或是社會組織的品牌，我們看到世界有很多善的品牌。譬如說像德雷莎修女，或者是紅十字會，或者是說很多的組織。慈濟就是立足於臺灣，一直發揚到世界各國去的，我想世界上有很多人認識慈濟，也認同慈濟。

我覺得慈濟要有自信心，認同自己的組織，慈濟走的方向是對的，這個很重要；臺灣人要珍惜這份良善的力量，因為這五十五年來，它建立「志工社會」的觀念、「愛要即時」的觀念，這是很不容易的事情，你要摧毀它是很容易。所以我覺得很重要的是，我們要珍惜這一個良善的企業、良善的品牌、良善的組織，大家都須要有心，來扶持它、珍惜它！

## 廖俊智 / 中央研究院院長 美國國家科學院院士（2015 年）

### 證嚴上人的信念是：只要有心，事情一定能夠做成！

2019 年 9 月 18 日慈濟基金會與中央研究院地球科學研究所舉行「國際學人災害科學與人文交流座談會」，聚焦自然災害、環境變遷、人文關懷及非政府組織等議題。中研院廖俊智院長希望吸納慈濟的實務經驗作為研究的題材，也樂於將中研院有關研究跟慈濟救災人員分享，以提升救災的效率。（攝影／詹進德）

在回國接任中研院院長前，我曾在一個國際會議上接觸到慈濟大學訪問團，提供他們一些專業意見；之後他們邀請我回臺灣訪問、到慈濟大學演講，與年輕的老師及學生學術交流。在我擔任中研院院長後，延續先前的交流，並與慈濟大學建立研究上的合作關係。例如面對新冠肺炎疫情，去年中研院研究人員迅速地研發出抗體後，而慈濟加緊轉化為可以輸出國外的產品，行動力非常可觀。

慈濟的行動力和號召力也體現在環保議題上。現在幾乎每個人都具有環保與節能減碳的意識，但是慈濟在國內開始提倡環保前，甚至在國際關注此議題前，便已大力推行節能減碳，推廣環保理念。印象深刻的是，有一次到慈濟大學演講的時候也順道參觀環保站，了解慈濟很早就有很先進的環保概念，同時大力推行素食。近來科學家確實也發現，吃素比吃肉可減少更多的碳足跡，是推行節能減碳非常好的方法。我曾離開臺灣非常長一段時間，每次回來都覺得臺灣乾淨了一點、關心環保的人多了一些。可以肯定的是，慈濟在臺灣推動環保上是非常重要的一環。

慈濟本身是佛教團體，它的信念當然來自佛教信仰，但是它也擴散到了其他方面，遠超過宗教本身的影響。例如給人「利他」的印象——意思是為自己著想，也要為別人著想。雖然其他宗教也有這種精神，但是慈濟卻是少數把它化為具體行動的團體，這方面也是慈濟擁有很強的號召力與行動力的原因。也因此，慈濟雖然是臺灣民間團體，但也參與許多國際義診和救災工作。譬如在美國經濟環境不穩定地區，定期辦理義診，對當地居民產生很大的影響。

不過慈濟如何傳承是一個大哉問。我想過去慈濟很成功的原因，是因為長期耕耘，經過長時間的感化和培訓志工。但是現在很多新科技已經徹徹底底改變生活型態及社會樣貌，特別是年輕世代的注意廣度沒有那麼長；如何在短時間內把信念傳達給下一個世代，這可能是慈濟需要面臨的挑戰。但是，我們看到慈濟在這方面也做得不錯，隨著科技發展與時俱進，傳播其精神理念和做法，例如利用大眾傳播工具來宣導理念，或推動早期社會比較難以接受的骨髓移植、大體捐贈等議題，這些是慈濟的資產，也是成功的原因之一，可持續推動與傳承。

最後，慈濟帶給我的感受是，每一個人都有很堅強的信念，這一點跟其他團體非常不一樣。我覺得這跟每一個人的信仰有關係，因為慈濟有一個很好的領導者。證嚴上人的信念，是只要有心，事情一定能夠做成。假如這目標的方向正確，努力去做一定可以完成。我想這樣為社會散播正面影響力的理想非常少見，極其重要。

## 閻雲 ／臺北醫學大學癌症轉譯研究中心主任<br>前臺北醫學大學校長

我自己是醫生，對病苦的了解，應該比一般人都深刻，但是要將心比心，要能夠把別人的痛當做自己的痛，那又是另外一番心靈感受。

2013 年 9 月 19 日國際慈濟人醫會年會上，時任臺北醫學大學校長閻雲與學員進行「骨髓捐贈論壇」分享。（攝影／張進和）

我跟慈濟的接觸要追溯到 1993 年，那時我才從耶魯大學剛接受完訓練，搬到洛杉磯，在希望城國家醫學中心（City of Hope National Medical Center）服務，那是相當著名的癌症中心，也是全球最大的骨髓移植中心。當年，因為證嚴上人提倡建立骨髓捐贈資料庫，在洛杉磯的慈濟師兄、師姊就到我的辦公室來找我。我既覺得驚訝，也覺得敬佩，當然我願意來幫助慈濟、協助上人來完成建立骨髓庫的心願。

認識慈濟對我的人生，特別是後半段人生的發展，有很大、很大的影響；我自己是醫生，所以我對病苦的了解，應該是比一般人都深刻的，但是要將心比心，要能夠把別人痛當做是自己的痛，那又是另外一番心靈感受。這方面慈濟的思維真的整個改變了我。關鍵點是在 1995 年，我回慈濟受證，然後見到上人，那個時候，大殿還是這樣一個小的房舍，當時大家還是做小蠟燭，我們都是親眼所見，非常感動。

因為當時我們是美國慈濟的工作者，若不是曾經回到臺灣，還不見得能真正感受到慈濟的偉大。因為美國是一個富裕的國家，我們是在富中做慈濟，有時候會無病呻吟，覺得「還有沒有發揮的空間啊？」但是出家在這樣子簡陋的環境，要做的事情，卻是為全人類，而不是單純為臺灣。出家師父的這種奉獻，讓我確實受到慈濟這種感召的震撼。

而現在，上人在全世界、在敘利亞幫助難民，很多人都會說，究竟為什麼要做這麼多事？明明眼前有這麼多的事情要做。但是那並不是上人愛做事，是用思維方法來鍛練大家。每一個人的機緣都不一樣，你如果不做事，不在全世界做，那就不能夠進入到慈濟、了解慈濟的精神，所以我覺得這個的影響對我來說，是非常地深刻。

但是我們也必須要承認，慈濟也在老化中，這是一個無奈的事實。我們是慈濟的第一代的弟子，我們是聽見上人的人，未來其實是在我們身上，不在上人身上。那要反問的是我們自己，能夠擔當多少呢？我們能夠承擔、願意承擔，以及我們對於上人的法的體會、領悟、實踐，又能夠達到什麼程度呢？如果說今天我們問五十年後或者是百年後的慈濟，其實這個問題是在我們身上。

所以賑災、慈善，是我們的核心，永遠不可少的，因為那才是動人之處。我們的醫療工作，病人的病苦感動了醫生，也感動我們；在每一個環節包括文化的工作，一樣用文字表達來感動大家，那個感動是一種持續的力量，我們必須要把這個感動的力量持續下去。這是我們慈濟宗門的基本精神。我們從這邊入手，用行動來融化大家剛強的心，如果我們做得到，承擔得下來，我們就有慈濟百年的這個基業，能夠這樣子傳承下去，甚至於超過百年。

很多事情我們自己要承擔起來，因為最怕的是我們的年輕一代不再進來慈濟，不再認同，讓我們覺得我們的思想跟不上時代了。殊不知只有時間改變了，精神從來沒有改變，是我們對於精神面貌的呈現方式，迷惘了、不同了。所以我們要讓他們深刻體會的是精神面的內涵，年輕人跟我們對內涵的體認當然不同，但是我們要了解、接納，我們轉變面貌不改精神，然後把他們融入。讓我最憂心的，可能也是最期待的，就是能看到慈濟年輕化，怎麼樣讓年輕一代早一點認識慈濟，那將是我們開創慈濟下一波的高潮最重要的一個點。

## 趙 怡 / 國際佛光會中華總會 總會長 國立政治大學 副校長

**慈濟是民間慈善公益組織的重要典範，**
**個人忝為佛教公益組織之一員，**
**既深感欽佩，也與有榮焉。**

政大副校長趙怡，對於慈濟志工在慈善投入過程中表現出的熱忱、紀律與效率，令他印象深刻。（照片提供／趙怡）

最早接觸到慈濟功德會，是從媒體的廣泛報導而來；其後在生活上、工作上和私人聯誼上，有幸結識許多志同道合的好友都是慈濟的會員、志工或支持者。慈濟成立以來，吸引無數具高度影響力的人士認同它的宗旨，成為社會公益的尖兵，投身於慈善捐募、急難救助，向弱勢族群伸出援手，而他們在每項義舉的過程中表現出的熱忱、紀律與效率，尤其令人印象深刻。這一切，相信都源自於每位善士所擁有的那顆虔誠的心。

1999 年 9 月 21 日和 2008 年 5 月 12 日分別發生在臺灣與對岸的大地震，慈濟功德會充分發揮組織動員的力道參與救援，居功厥偉。2001 年 6 月 13 日，慈濟基金會將臺灣人捐贈的骨髓輾轉送往大陸蘇州，及時搶救血癌病患陳霞的性命。當時東森新聞與鳳凰衛視接力轉播事件始末，新聞露出後喧騰一時，全球矚目，也讓同受感動的兩岸民眾，自然而然產生一種患難與共的骨肉情結，成為當年促進兩岸和諧往來的一大步。

慈濟功德會從臺灣出發至全世界各個角落，對人類社會的貢獻，殊難一一列舉，其被譽為民間慈善公益組織的重要典範，其來有自，個人忝為佛教公益組織之一員，既深感欽佩，也與有榮焉。

## 陳宏宇 ／國家災害防救科技中心主任 臺灣大學地質科學系特聘教授

**賀伯颱風，慈濟的師兄姊問我們要不要熱湯、米飯，稍微溫飽一下？我們那時候，真的很感動！怎麼到了深山裡頭，慈濟師兄姊居然也走到了這個點……**

善用科技、結合網路，以及整合大數據判讀的「災害情資網」，可以提供防災、備災、賑災情資上的管理與研判需求，隸屬管理單位的「國家災害防救科技中心」（NCDR），2019 年 4 月 16 日與慈濟基金會簽訂災防科技合作協議，彼此將透過這個平臺系統，整合與應用相關資訊，共同提升民間防救災能量。此份災防科技合作協議，由國家災害防救科技中心主任陳宏宇（左二）、慈濟基金會執行長顏博文（右二）簽訂災防科技合作協議。（攝影／顏福江）

國家災害防救科技中心是提供災害應變的時候，所有的資訊，當然我們提供的資訊是預警資料，所謂的超前佈署；氣象局是提供預報，我們是提供風險的衝擊。慈濟現在有一個防災平臺，就架接我們所有的情資網，我們也幫慈濟做了一個情資網。

因為政府單位有很多分工，像是氣象局管天上的雲，飄下以後變成雨，這個雨水衝擊到地面上，集水區就是水流，在上游部分是屬林務局，中游部分是屬水保局，下游部分是屬水利署，進入到都市的中心裡頭，又是屬營建署。那我們把它整合起來，不管是上游、不管是下游，評估它對這個周遭環境的衝擊。衝擊評估以後，就要做很多的部署，就是政府單位該抽水的抽水，內政部就要勸大家疏散、避難啦！慈濟就是去救助啊！就這樣一系列。

我的本行是地質災害，是臺大地質系教授，1989 年回到臺灣以後，接著從 1990 年一直到 2014 年，所有的災害，我大概無役不與；也就是每次災害發生時，我都會受到政府的委託，擔任勘災小組的召集人，然後去做災因調查。

其實，我對慈濟感受最深刻，是在 1996 年賀伯颱風的時候。7 月 31 日賀伯颱風登陸以後，挾帶一千九百八十七毫米的雨量，重創了臺灣中部地區，所有溪流沿線的橋樑，全部斷掉了。陳有蘭溪的上游，靠近塔塔加鞍部就是阿里山部分，神木村發生土石流，那時讓大家有一個很大的印象，甚麼叫「土石流」？所以很多人說神木村土石流非常恐怖啊！

賀伯颱風造成中部地區很大的破壞，尤其臺大實驗林；臺大實驗林在陳有蘭溪的裡頭，我又被學校任命為勘災的召集人。我帶領著團隊進入災區，陳有蘭溪有一條很長的橋叫「陳有蘭溪橋」也斷掉了；颱風過後，水就比較少了，我們就從橋面上，用繩索下去到河床，然後經過河道，再進入到神木村裡頭。我印象很深刻，進入到陳有蘭溪的上游，大概是神木村的第六鄰、第七鄰，又有一座橋斷掉了，而且那個壁很陡峭，我們就繞著斷橋旁邊的山路，靠著這個峭壁慢慢繞過去。咦？後面有一群人過來了，一看！看到了慈濟的師兄、師姊。哇！我們全部的人都嚇一跳！我走第一線的時候，居然慈濟的師兄、師姊跟在我後面，一路進來了！

慈濟志工十幾個人，大家用竹子扛著一鍋鍋的湯、米飯；當然有些不是扛，因為大家沒有像山區工作人員那麼俐落，所以有些是用扶著，就一路上這樣抬；要下斷橋殘壁、要走那個山路，那個很辛苦的，而且居然一路上跟在我們後頭；然後他們看到我們說，非常謝謝陳老師你們，我說：「為什麼？」志工說：「因為我們跟著你們後面走，慢慢地深入了這裡頭的部落，去瞭解這些受災戶。」因為我們是勘災小組，都是走第一線。慈濟的師兄、師姊就問我們，「唉呀！老師們，你們辛苦了！是不是能夠先給你們熱湯、米飯，稍微溫飽一下？」我們那時候，真的很感動！怎麼會到了山區的深山裡頭，慈濟的師兄、師姊居然走到了那個點……當然戶數不多，但是以人為本的這種觀念，真的讓我很感動！

我看我們團隊所有的老師們，大概有七、八個老師，都很感動！因為感動，講不出話來。我記得8月份的時候很熱，因為颱風一過去，就天氣熱；不曉得大家到底是在流汗？還是在流淚? 雖然所有老師們覺得，平常有聽過慈濟，但是這時親眼見到了這個善行，所以大家很感動。

我讀的古書裡頭，所謂「人之初，性本善」，也許大家出自於這個發心、這個善念；我覺得這是我們住在臺灣所感受到，很多人就像慈濟的師兄、師姊，本性這麼善良。我到尼泊爾、東南亞國家，尤其是菲律賓，也看到慈濟的師兄、師姊，災後馬上就到現場了；我們常常在想說，慈濟到底是如何去培養整個師兄、師姊？讓這麼大的團體的每一個成員，都能夠發自於內心地自動自發，奉獻自己；像我們教育學生，如何讓這一種的感受、這一種的真心，教育到學生身上，這個部分孩子真的是要好好地學。也許這是慈濟的信念，讓每一個人都非常感佩，所出自於內心一種很自然的奉獻。

## 簡又新 / 無任所大使
台灣永續能源研究基金會董事長
首任環保署長

**證嚴上人在 1990 年宣示用鼓掌的手來做環保，那時候民間團體也有很多人跳出來幫忙，但是極少像慈濟能夠這樣堅持，而且一做三十多年。**

2020 年第六屆慈濟論壇，主題是：「未來地球與綠色行動」。長期關注環境永續發展的台灣永續能源研究基金會董事長簡又新，受邀與會發表環保相關論文。（攝影／吳碧華）

聯合國在 2015 年 9 月通過「永續發展目標」（Sustainable Development Goals, SDGs）包含十七項目標（Goals）及一百六十九項細項目標（Targets）。為了讓全世界大家同心協力來改造昇華這個世界，所以就把永續發展要做的事情重新整合。從三個方向著手，一個是經濟面、一個是社會面、一個是環保面。台灣永續能源研究基金會主要目的也就是推廣這十七項的理念、目標、方法，協助臺灣以及國際上來往的朋友，大家一起來做這個十七項。

1980 年代是臺灣亞洲四小龍經濟奇蹟的最後階段，那時候我們經濟成長是非常的耀眼，但可惜的是，經濟成長犧牲了環境，也犧牲了社會面。那時候臺灣的環境講起來是很不理想，臺北市男士的白襯衫能穿一天就很好啦！回到家裡，晚上領口都是黑的，洗臉都很髒；淡水河整治計畫開始的時候，誰願意去住河邊？河邊又髒又臭；當時全臺灣沒有一座焚化爐，也沒有一座合格的衛生掩埋場，垃圾到處都有，那時候環境是這樣的。

環保署是 1987 年成立的，第二年我們通過立法，對廢棄物清理法進行修訂，展開資源回收的工作；證嚴上人在 1990 年宣示用鼓掌的雙手來做環保。我想慈濟本身觀察到環境及社會現象，主動出馬替社會做這件事，在那個時候，對社會起了非常大的作用。那時候其實民間團體也有很多人跳出來幫忙，但是極少像慈濟能夠這樣的堅持，而且一做三十多年。

當然政府的力量很大，因為最後還是靠政府做回收系統；但我從環保運作體系的角度來看這件事情，臺灣在做資源回收很成功的因素之一，就是有像慈濟這樣的團體來協助幫忙，才可以順利且有今天的成績。而且慈濟環保做得非常仔細，從廢棄物的回收、節省水資源，到蔬食、惜食種種，這些都是很重要的環保工作，所以慈濟基本上「環保面」做得非常之廣。

歸納起來，第一個就是，慈濟做了規模非常大的環保教育，在國內、國外設置環保教育站分布非常之廣，讓民眾先了解什麼叫環保，然後他才會起心動念想去做資源回收。慈濟環保教育協助政府跟社會非常多，而且現在還繼續在做、並沒有停，還從臺灣做到國外去。

第二個是「收集跟清運」，我看到慈濟非常多的志工朋友們，他們很熱心，這個工作沒有熱心做不起來，因為談不上獲利！可是因為他們的熱心投入，可以把回收收益拿來再去做社會公益的事情；整個運作起來，雖然經費不多，但是形成一個良性的循環。

最後呢，慈濟旗下的大愛感恩科技公司就是做「回收工廠」，雖然規模不是特別大，但是在某個程度上發揮非常大的一個生產跟教育的功能，讓民眾知道原來是可以這樣做！所以，大愛感恩科技其實代表著一個環境教育的使命。

後來，我離開環保署又到交通部，奉派到英國去，再回臺灣；第二次跟慈濟接觸比較多的是在外交部跟總統府。慈濟做的工作，不是在臺灣做而已，在海外也做。比方說，我在外交部、在總統府副秘書長任內，很重要工作是接待外賓；那時候中美洲有五個邦交國，他們到臺灣，我們會依需求進行行程規劃。比如說，薩爾瓦多總統希望與上人會面，我們就安排到花蓮去見上人。

薩爾瓦多這個國家我印象很清楚，因為我去薩爾瓦多訪問的時候，薩爾瓦多政府很高興地帶我去看慈濟大愛村；大概在我們發生九二一大地震的時候，他們也發生大地震，他們國家小，影響更大，那時候當地的情況非常淒慘！所以很多慈濟的志工，就去幫他們的忙；慈濟的動員力很強，可以從美國尋求相關資源、幫助他們蓋大愛村。

慈濟從信仰開始影響世人，有了信仰以後產生強大的意志力，開始推動整個對社會弱勢族群的照顧；協助非常多人脫離他的貧困、或者其他問題。每每在災難的現場，第一個出現的有時候還不是政府的人員，常常是慈濟的人出來，表示慈濟在做這個社會面的工作，是跑得非常前面，從臺灣到全世界各地都有慈濟人的身影及致力相關工作的成果。

我覺得上人的感召是很重要的，上人的感召讓人瞭解宗教的意義在哪裡？然後整個慈濟的組織能力、行動力都非常強；不要說宗教團體，我們做為小小的 NGO，要到處去設點就已經是很困難的事情。因為有上人的感召，有信仰的力量在背後的話，會驅動很多的人為共同的理想、目標去做有意義的事情。

慈濟代表愛的力量，有慈悲心去照顧非常多弱勢的族群；還有就是善的力量！這個世界各種力量都有，不要被很多不好的想法影響到我們的行為，破壞我們的生活。愛的力量、向善的力量，兩個加起來，我想都是慈濟對全球、乃至於全人類非常大的貢獻。

## 施振榮 / 宏碁集團創辦人

**慈濟的組織非常有邏輯，是一種價值領導；
證嚴上人不只是宗教家，
也是一位管理家、企業家。**

2014 年國際慈濟人醫會年會，宏碁集團創辦人施振榮專題演講「社會責任」，肯定慈濟人醫會深入災區的人道援助行動力，更期望大家能將社會責任視為己任，落實尊重生命及正視社會需求的人本關懷。（攝影／陳基雄）

我印象最深刻的，可能是慈濟不同慈善的作法；因為一般慈善就是捐捐錢，但慈濟在國內、國際上都是志工，真正的不止捐錢，而是捐時間、捐心意，這裡面慈善的表現是手心向下。證嚴上人很多想法，都能夠讓大家認同，而且也身體力行。

尤其讓我最感動的就是它的組織、它的速度；慈濟整個團體也算是一個組織，只要有什麼災難、或者有什麼需要，它是最快、自動的組織力量。這就是為什麼 2008 年我把慈濟介紹到哈佛大學去當「個案研究」（case study），因為它真正是一個管理，上人不只是宗教家，也是一個管理家、企業家。

上人的領導，實際上是有組織領導的一種系統在裡面；我們從組織領導管理大企業裡面的一些現象，就發現慈濟的組織，非常有邏輯，不是那麼簡單，一定是一種價值領導，談的是善念在上，然後要有關懷；這些方法，最重要還是要有力量，就是人要多、資源要多，然後能夠累積持續它的力量，時間累積，直接、間接都要不斷地累積，這個使命才真正有效果；中間有感動，有感動自然大家才會共襄盛舉。

而且慈濟思想是中心的，但做事情是分散的，這是管理上，網絡的組織及管理。我們做企業管理，都在追求這樣一個模式，談企業文化、組織文化，有一個基本信念的價值觀，由上而下，變成整個組織多數人想的；心要先想，你才會講，才會做得出來，而慈濟真正還是落實在行為，因為宣傳的東西不會感動人，而是實際的行動。

佛教勸人向善，有善心的人可能很多，但也需要有人不斷用各種不同狀況把這個力量引出來，實際上臺灣的社會是非常向上、向善的。實際上很多外國人都稱讚臺灣是最宜居、最適合生活的地方，因為人情味的增加。不過，慈濟志工不是只有佛教的志工，各種不同宗教的志工也非常多。慈濟的慈善幾乎是全球化了，不管是美洲、歐洲、中東、非洲都有。相對來講，臺灣在國際上，算是志工比重或者普及性比較大的。臺灣民主算是比較後進，但是我們進度比較快，甚至超前，有一天會更成熟；成熟的主要理由一個是教育的普及；另外一方面，類似像慈濟長期在社會上，所打下的根基也是很重要的。

而且慈濟對人類的貢獻，顯性和隱性都有，例如骨髓捐贈，對人類有積極的貢獻，這個是直接看得到的；間接看不到的，稱為隱性價值就是這些精神、這些模式我稱為是機制，像同心圓的組織動員力，這些都是機制，當然這個機制都是要有效的，從基本訓練價值觀來驅動，然後慢慢地內化。像慈濟也是面對不同文化，甚至於慈濟在印尼的穆斯林，在美國是基督教徒，都能夠適應這樣的環境，這是非常重要的。

我們有主持過慈濟變革的委員會，書面規劃慈濟的未來，裡面有談到社會不斷地變遷，如何面對整個大環境的變化。一般來講，很多事情像組織文化各方面，它的使命是不變的，但是真正要面對環境，可能要做一些變化調整。不一定過去的對、有效或不好，而是面對新的世界，原來的做法不一定是最有效的；不變的是，價值觀的使命，這個當然一定要深植在——由上而下，一層、一層的所有慈濟人。

時代不同，可能要有一個新的實踐。比如說，慈濟人把寶特瓶變成一個有用的衣材，又有很好的設計；一個回收的東西，變成一個相對達到環保的同時，科技、美觀的設計都在裡面的話，這樣一個實踐的作法，都是隨著時代變化，不管是上人或者是慈濟人想出來的，都是值得去做的。

## 蔡明忠 / 富邦集團董事長

**慈濟應該在環保上加大力道，
因為這是全球關注的議題，已經成為顯學，
以慈濟過去的經驗，應該有辦法成為領導者。**

蔡明忠董事長在訪談中提及，證嚴上人用「愛」領導的方式，讓他從全新的角度來看待領導這件事，也了解上人如何以「愛」帶動出這麼龐大的全球志業。（照片提供／蔡明忠）

我很早就有機會認識證嚴上人。記得應該是二十五年前（2021 年訪問），因為我的小孩在娘胎的時候，被診斷可能有水腦症，那時有人幫我引見上人，上人很慈悲，他為我們祝福、為我們加持，就是因為我的小孩，跟慈濟結了一個善緣。

但小孩出生後，狀況不好，要接受一連串的手術，命是保住了，卻有一些癲癇的症狀。那時候花蓮慈濟醫院林欣榮院長，他是腦神經外科的權威，要我們去慈濟醫院診斷治療，後來就決定在那裡開刀。我們就陪著兒子去花蓮，動了兩次手術，我老婆幾乎都住在那裡，我就是來來回回。那個時候，上人都有去為我的小孩祝福，我們很幸運有上人，讓我這個小孩在娘胎就跟上人結了緣。

那段時間在醫院，我看了最感動的一件事，就是裡面負責清潔的志工，她蹲在地上、跪著用抹布在擦踢腳板。一般清潔地面，就是用拖把這樣拖一拖就過去，踢腳板有不乾淨的地方，用拖把搓一搓就好了；我看到那個清潔志工是跪在地上，全心全意地擦那個踢腳板，我沒有看過其他的清潔工作是這樣做的，我相信這不是一個清潔工作的 SOP，但是她能夠做超過 SOP。

後來我讀到一篇討論上人的領導方式的文章，他說他是用「愛」領導。一般我們想說領導就是權威，權威來自職位或者過去的成就，我從來沒有從那個角度去想過，用愛還能夠去領導。一般用愛就是愛人、與人為善、布施、幫忙世人，但是慈濟這麼龐大的志業，足跡遍及全世界，我覺得就是真的做到用「愛」領導。

這次疫情，我們臺灣當然防疫做得很好，經濟也在發展。人家說，好像是突然認識一個角落生物，把臺灣形容成角落生物也能夠發光發亮。其實在這事情之前，我覺得唯一能夠讓臺灣以外的人體認到「我們臺灣這一隻角落的生物也可以發光發亮」的，大概就只有慈濟；臺灣的風情、臺灣的價值，最美的價值就是「善跟美」，我覺得最佳代表應該是慈濟。

我們剛剛講領導，最重要的是不管你用什麼方式，例如上人是用「愛」領導，都要能夠激勵跟你同樣想要從事這個志業的人。而慈濟很多人都是從臺灣出發到一個完全陌生的環境，透過當地的臺灣僑胞幫忙，才能夠把慈濟志業帶到世界各地，幾乎是有華人足跡都可以看見這個團體，真的是一個很偉大的成就。我是覺得說善的循環是最好的，那這個善的循環、正向的循環，一啟動以後，我覺得是愈來愈擴大。

我覺得慈濟四大志業給大家很深的一個印象，就是很多都是世界第一，比如說像骨髓捐贈資料中心，臺灣這麼小的地方，可以接受那麼多人來我們這邊接受骨髓移植，可以說是真正的世界第一。那慈善、醫療、教育、文化這都已經非常上軌道，國際救災，慈濟這個也是非常有組織，我覺得以慈濟的力量，應該在環保上面加大力道，因為這也是全球關注的議題。這個跟聯合國要推的 SDGs（聯合國永續發展目標），和現在氣候變遷的關係，已經成為一項顯學，我覺得以慈濟過去的經驗，應該有辦法在這些議題上變成一個領導者，領導這些議題討論的方向，領導大家找尋氣候變遷的解決方案，這方面我覺得是未來可以努力的方向。

## 嚴長壽 ／均一高級中等學校董事長
公益平臺文化基金會創辦人暨董事長
前亞都麗緻飯店總裁

**未來的志業不能靠證嚴上人一個人，要靠每一位慈濟人，從最核心的慈濟精神跟原來的起心動念，變成實踐者，每一個人都將是慈濟的接班人。**

2009 年臺北「靜思智慧語好話二十年」慶祝系列活動，嚴長壽董事長蒞臨參加。（攝影／葛傳富）

在我的求學過程當中，沒有讀大學，所以基本上是社會大學出來的。我是從傳達小弟開始，當到美國運通總經理，那個階段我認為是我的大學，因為我發覺英文很重要、我發現人際溝通、行銷管理，所以後來跨越這幾個領域，做了許多工作。等到我變成總經理以後，我發現在大公司裡工作的經驗，真的讓我看到了一個世界組織的運行方式。

我覺得最棒的學習經驗就是，我參加很多國際組織，提高了我的視野，我發覺臺灣雖然沒有政治舞臺，但是一樣可以在另外的領域裡面，繼續跟世界從事商業的、技術的、文化的、宗教的交流。所以我看到慈濟的時候，是一個非政治的，可以跟世界結緣，可以把臺灣的力量擴散出去的組織。當初因為內湖的土地問題，我也被邀請去做諮詢委員，我自己的感覺就是，我們要珍惜慈濟所擁有的因緣，並且讓它擴散下去，因為它是超越少數幾個人主觀意識的，它是每個人照自己領悟到的，在不同的領域發散。我始終看得到慈濟在過去散發的力量，慈濟真的非常值得珍惜。

時代在改變，傳統的媒體已經跟不上現在的新媒體，網路世界所創造的影響力更大，所以必須接觸新的教育模式。我常說以前我們講教育是家庭教育、學校教育、社會教育，可是現在最強大的是網路教育，而且網路教育是沒有過濾系統的，可能一直接觸到的都是負面的語言跟訊息，會洗腦孩子，對人類未來思想是莫大威脅。

所以未來的教育，最重要的就是讓孩子有思辨的能力、明辨是非的能力，要有正義感、要有使命感，更重要的要有悲憫心，這些也都是宗教家強調很重要的一點。也要知道現在社會的貧富差距將會越來越大，如果有能力的人用金錢繼續往上，弱勢者將永遠沒有翻身的機會。所以是我們不單單要能夠救苦，而且要讓他能夠翻轉。

我覺得科技文明是超越我們發展的，但是宗教家能夠讓你的心沉澱下來，有許多的方法讓你把貪、嗔、癡，或心中的罣礙放掉。宗教第一個講到的，最容易做到的是布施，也是最重要的一點，因為最能影響到社會，而慈濟充分做到這一點。

宗教習慣以一個人作為上師，指引你的方向，這個慈濟充份做到了，大家對於證嚴上人的崇拜、尊敬，或者是對他的教誨，都在慈濟人的心中有很深的影響力。上人以自己的行為，去示範「一日不作，一日不食」；不是金錢付出多少，而是那種心的付出，我覺得都是一個非常讓人讚嘆的，讓人走向謙卑，低下頭來更謙卑地去面對自己和大眾。

但是很重要的一點，上人是個修行人，所以他是以修行、以佛法、以過去千年淬煉出來的理念來感化大家。我想上人他一開始受到佛教的洗禮，然後自我修行、自我實踐，我相信他沒有想到會變成這麼大的願力。但是也因為他親自示範，用他的行為像漣漪擴散出來影響周邊，再靠每個人從不同角度發揮他的影響力；賑災的時候，你都可以看到每一個角落、每一個地方，慈濟人聞聲救苦，成就了今天的慈濟。我自己周圍的朋友受到慈濟影響，放掉他以前生活模式的例子也很多。我看到他們所受的感動和幫助，而且願意付出自己的能量，甚至包括他們面對生命的挑戰、家人的生死，或者碰到一些外面責難的時候，我看到他能用一個更坦然的態度去面對。

有一次企業家人文營，我去住兩天，我到現在還記得有一位慈濟人分享他的孩子碰到疾病，到了臨終，上人出現了，只簡單講一句：「快去，快回！」我覺得這短短的一句話，就讓家屬釋然，認為生命其實就是一個輪迴——你就坦然面對這一世的功課，再回來吧！再繼續做幫助人的事情吧！這種簡單易懂的語言，卻可以直接感動人，這種力量大概不勝枚舉，也產生很大的影響。

我曾經做過聖嚴法師的顧問，我們相處了三年，這也是我生命中一個很大的緣份。當時我說要開一個共識營，請法師把核心團隊集合起來，大概將近一、兩百個人，我就說：「各位菩薩，我要跟大家說，你們的師父啊，未來是沒有自己接班人！」大家嚇一跳，在師父面前這樣講？我說如果你們能夠實踐你們師父談的人間佛法，你們每一個人都是他的接班人，大家突然釋然。

我想可以用同樣的話來期許慈濟人，未來的志業不能靠上人一個人，未來是要靠每一位慈濟人，從最核心的慈濟精神跟原來的起心動念，變成實踐者，那麼每一個人都將是慈濟的接班人。

## 李念祖 ／理律法律事務所所長
臺北律師公會前任理事長
東吳大學法研所／臺灣大學政研所兼任教授

**慈濟用佛家慈悲的情懷入世救人，感動非常多的人投入。
這裡高度地實現眾生平等的高尚理念，
說起來容易，卻是非常不容易！**

李念祖律師在訪談時提及，他有幾位好友，進入慈濟後參與國際賑災，每次聽他們談這些話題時，眼睛像是一亮，令人感動。（攝影／陳何嬌）

我認識慈濟的因緣不只一端，最早是因為慈濟志工的引導，我的家人就有機會做了小小的奉獻，成為定期的會員，這是一個因緣。其實這很普遍，因為大家都知道慈濟的志業做得很好。另外一個因緣，是我的朋友——何日生先生，他加入了慈濟，透過他介紹，我也有機會認識證嚴上人，也對慈濟有更多的瞭解。也因此對慈濟很多的活動、志業，乃至於行善的種種作法，都有緣、也有機會親身認識跟體驗，這個是很有福報的人生體驗。

我是學法律的，所以在能力範圍內，有一些機緣能夠為慈濟盡我一點棉薄之力，因此經常聽到證嚴上人的教導，也接觸了很多慈濟的朋友。可以立刻浮在眼前的是，前慈濟基金會宗教處主任謝景貴師兄，我跟他在很年輕的時候就認識了，後來他成為慈濟志工，把很多心力都放在國際賑災上面。他介紹了很多慈濟如何賑災的故事，我也參加過他辦的賑災活動，包括志工培育等等。我覺得他進入慈濟之後變成另外一個人，每次講到國際賑災的時候，眼睛是會發光的，那真的很令人感動——無遠弗屆、聞聲救苦，慈濟的志工通通都是如此。

我有一位同事，他也是因為工作，有機會接觸到慈濟，加入志工，親身去上山下鄉。他跟我分享他的經驗也是神采飛揚，對他來講是一個脫胎換骨的經驗，後來他就離開法律崗位加入慈濟。這兩個例子對我來講，就是最親身地看到慈濟志工的表現，印象極具深刻，十分尊敬。特別令人感動的就是無國界、無種族，沒有疆域，哪裡有事情，哪裡有問題，立刻就是「聞聲救苦」，動員組織，大家奉獻的精神，讓你知道甚麼是慈悲的情懷。

慈濟是一個佛教的宗門，用佛家慈悲的情懷入世救人，而且感動了非常多的人隨著投入。這裡高度地實現眾生平等這樣一種高尚的理念，說起來容易，卻是非常不容易的。誰心中沒有分別心？沒有因為種族、因為疆界、因為階級、因為性別，因為種種的因素在心中區別人，而且因為這個區別，而不能夠善待他人；但是慈濟的志工們、慈濟的成員，在這一點上能夠完全放下自我，眼中都是平等的眾生，然後每一個人都謙卑自持，發自內心地願意幫助、願意奉獻，而且是無私的奉獻。這種無私的精神，我在每一位慈濟志工身上看到的都一樣，這是很了不起的一種境界。

慈濟不只是國際賑災，還有醫療、教育，我自己也有機會在慈濟大學，在醫療的體系裡面看到慈濟人的身影，不管是在教育、不管是在醫療的崗位上，表現的精神、風貌都是一致的，它在人文的這個情操上面，在社會上起了非常高度潛移默化的作用，這是臺灣特有的一道風景；不只風景，而且是臺灣人很難得的一種緣分，有了慈濟真的會讓臺灣變得更美。

我衷心地希望慈濟的精神及這個志業活動能夠繼續弘揚，讓世界上每一個角落都有慈濟人的身影，而且所到之處就會留下慈濟的影響力。這個影響力是看不見的，卻是非常深遠的，而且是有高度發揚的價值，會讓人類變得更和諧，社會變得更美好。它捨己為人的精神，不但是無私，而且是要為別人著想，感動這個社會，化戾氣於祥和。在今天這個病痛、紛擾的世界裡，顯得特別、特別珍貴。慈濟五十五年說來不短，但是在人類的歷史上只是一個片段，希望它能夠繼續發光發熱，我也堅信它一定會繼續發光發熱。

## 侯勝茂 / 新光吳火獅紀念醫院院長
國立臺灣大學名譽教授
前行政院衛生署署長

**慈濟志工非常有人文素養，**
**在幫助別人的時候，常常會去考慮到對方的感受，**
**就是「人傷我痛，人苦我悲」這種精神。**

2006 年慈濟骨髓幹細胞中心十三周年慶。來自美國、德國、日本、韓國等十五個國家的貴賓及國內骨髓資料庫專家及血液疾病醫師，齊聚於臺北慈濟醫院參與捐者配對與造血幹細胞移植學術研討會，時任行政院衛生署長侯勝茂百忙中撥冗出席致詞。（攝影／王賢煌）

1985 年那一年對我來講很重要，我到美國去進修，特別再去學「手外科」—— 手的這個外科，而且是學顯微手術。那時候臺灣比較少人去學。回來的時候，我們老師說，你要教人家什麼樣的病可以醫，那我就一直演講；當時，陳英和醫師他聽我演講以後，他就跟我講說，我們花蓮那邊有很多這樣的病人，你可以來幫忙。他是我們臺大骨科第一個派去慈濟醫院，第一個說要去花蓮的。

所以有一陣子我每個禮拜五的晚上五點鐘從臺大下班，就去搭火車到花蓮，然後陳英和就接我到宿舍去住，隔天早上七點鐘進開刀房，一臺手術要四、五個鐘頭，通常開一臺到二臺，連續開。開完以後，禮拜六的晚上再坐火車回來臺北，我連續大概去了一年半。

我那時候從美國回來，是一個年輕的主治醫師而已，但是那時候，我們的老師就已經到慈濟醫院去幫忙了；陳楷模教授、曾文賓教授他們都去幫忙。慈濟能夠成功，就是它的精神能夠感召很多的人，他們願意很無償，而且很高興地付出，就是從這裡開始，我第一次認識慈濟。非常感激慈濟，讓我有機會能夠把我學到的東西，就在慈濟醫院做。

九二一地震的時候，所有的醫院都到災區去幫忙，臺大醫院也去幫忙，我是副院長，院長就派我第二天馬上率領一個醫療團下去。我們到埔里，還有別的地方去設立醫療站；我一看，大家很亂，可是有一群人是不亂的，慈濟！慈濟我覺得是非常有規矩、非常有制度，而且非常地體貼。慈濟志工穿制服，要救援的時候有一個標準作業，救人、助人也是有 SOP，去幫忙就不會亂。這是我那時最大的感受，就是這種很有制度的人文素養；慈濟的志工非常有人文素養，不是只有幫忙，而是在幫助別人的時候，常常會去考慮到對方的感受，就是「人傷我痛，人苦我悲」這一種精神。

後來我到衛生署去服務，我成立一個 Taiwan IHA（臺灣國際醫衛行動團隊），類似國際救援組織，其實很多是跟慈濟學的。這個救援隊要有制度、要練習，先前講的這個，從心裡面發出來的「人傷我痛」，就是同理心要出來，當附近的國家菲律賓、印尼、與東南亞國家，甚至於非洲的國家，有發生問題的時候，我們救援隊就可以出去派上用場。

慈濟的人「無我」，沒有我，只有愛。我以前有一陣子，會到外面的醫院去幫忙，指導人家開刀、教學，所以有一陣子會到羅東博愛醫院；早上坐車的時候，看到臺北火車站都有一班車，都是衣服穿得很整齊，就是到慈濟去、到花蓮去的志工；單純就是「無我」，就只有為了去表現這個愛，他願意花這個時間去那裡。在我的觀察，就是這樣的精神，讓慈濟不斷地走下去。我想從這裡面的每一個人，從我最尊敬的證嚴上人，到我認識的很多人，李明亮是一個我很敬重的，還有曾文賓，這些人其實都是在奉獻，無我的奉獻。

現在社會在進步、科學在進步，只是工具不一樣，但是你那個心是一樣的，只是現在的工具比以前更好，更能夠做善事，更能夠做連結。所以做善事的力量，從古代到現在不太會變，只是要用新的工具。

我覺得慈濟在我心目中，以四大志業來講，第一個慈善志業，我覺得它是一種慈善的典範，可以讓別人學習；第二個教育的志業，它的優點是，不是只有教而已，是一個全人的教育，從心靈、品德，從其他方面在做教育，這個是它的價值；第三個就是醫療，慈濟醫院，它一直是全程、全人、全家、全隊的照顧，做得非常好；最後是人文，雖然「凡走過必留下痕跡」，可是一定要有人去做人文歷史的見證，慈濟有電視臺、有志工，把歷史寫下來，這是慈濟對社會的價值。

慈濟建立了慈善的志業，因為有它的存在，建立了這樣的典範，臺灣的社會會更好。

**羅國俊** / 聯合報系願景工作室執行長
聯合報系文化基金會執行長
聯經出版公司社長

**好的事情，也許一次、兩次，我們是很容易做到，但是要每個禮拜，持之以恆地重複去做一件事情，我就覺得很了不起！**

2019 年第五屆慈濟論壇，邀請來自全球十個國家地區的專家學者、NGO 組織代表與會，針對論壇主題「全球防災與永續經營」探討交流，聯合報系願景工程執行長羅國俊（右一）參與座談合影。（攝影／許金福）

我最早接觸到慈濟，是透過一個鄰居，他年紀比較大了，應該七十歲上下。他每個禮拜會有一天，在家門口做資源回收。剛開始的時候，我不知道他在做什麼，後來有一次跟他聊，我說：「你為什麼在做這些整理的工作？」他說在慈濟做資源回收。而且我發現他是每個禮拜，不論晴、雨，都持續地一直在做這件有意義的事情。好的事情，也許一次、兩次，我們是很容易做到，但是你要每個禮拜持之以恆地重複去做一件事情，我就覺得很了不起！

這是我第一次見到慈濟的人，在實踐慈濟的理念。過去，我當然聽過慈濟的理念，但是聽理念是一回事，接觸到慈濟人，是另外一回事，這是我一個很深的感受。

後來我又有很多機會跟慈濟的師兄、師姊接觸，也去過幾次花蓮的精舍，我發現室內很多的燈是不開的，只維持最起碼的照明，基本上也不用空調。現在大家面臨氣候變遷的挑戰，地球一年比一年熱，我看到有這麼一群人在精舍，有些熱，我都流汗了，但是他們可以忍受自己身體上的不舒適，持續用行動，實踐慈濟這些年很強調的環保、護生理念，大家一起來做有意義的事，讓我又一次很深刻地感受！

第三個體驗，就是參與慈濟人的活動。我有參加慈濟論壇、講座，現場工作人員大多是志工；一場論壇活動，常常是國際的論壇，這麼複雜，需要很多周密的準備工作，志工就把它完成。志工有的可能是在社會上很有地位的人、有的就是一般平凡百姓，但是在這裡，大家穿的是一樣的衣服，不分貴賤，沒有「我比你高一等、我比你低一等」，大家都是一起合作、付出，不求任何報酬，這方面也給我很深的印象。我們常看到有災難的地方，慈濟志工幾乎都是在第一時間到現場去提供協助，而且我也看到、瞭解到我們的志工，為了不妨礙救災人員工作的進行，他們會保持節制，不會去干擾救災的工作，但是他們會默默地去提供災民的需要。

商業組織裡頭，可能是用金錢的報酬，讓大家來參與，但是慈濟顯然是另外一種類型。我想最重要的，第一個當然是證嚴上人，他是用人格感召；一個宗教團體，在初期要贏得大家的支持，要感染大家，有人格感召力的領導者，是絕對不可或缺的。但是除了人格感召之外，不管是商業組織也好，或是慈善組織也好，公益組織也好，要走得長遠，我們一定要有一些理念是大家共同認定的，才能夠長期地、穩定地逐漸制度化，變成每一個人信守的規範，而且是超脫個人利益的規範。就是說這個事情是好的，我做這個事情對社會有幫助，對我自己的人生價值也有提升。慈濟在這方面做得很成功。我相信這個力量會讓這個組織，能夠持續不斷地發展，不斷地擴大影響力。

慈濟在國際賑災或是國際救助，也有很好的表現；有些朋友說：「唉呀！我們自己臺灣都照顧不好，怎麼去照顧其他的國家？」其實慈濟救災救難，照顧其他國家的人，是盡我們做為一個地球村村民的義務。我們用一些成功的經驗去幫助人家，我幫助你、你幫助我，這個地球會越來越和諧。

理念跟人是互相要搭配的，只有理念，但是不去實踐，那只是一個很美麗的泡泡而已。但是慈濟有理念，也有千千萬萬願意付出奉獻，而且散播在全球的志工，它的愛是跨越國界的愛，環保是跨越國際的環保；從慈濟人身上可以感受到慈濟的理念，都落實在我們的生活中。我們經濟學叫做外部的效應，而慈濟創造出來的外部的效應，不是用金錢可以判斷或估算出來的。

慈濟在過去對臺灣社會最大的一個貢獻，是「志工精神的建立」。回想四、五十年前，臺灣的社會沒有志工的概念，當然過去也會做一些好事，行善或者救濟，但那都不是有制度的，不是有組織地在做。現在大家卻看到有一群朋友們，穿著藍色衣服（慈濟志工服），在很多的地方提供服務，沒有任何的報酬。我們好像已經習以為常——我們到區公所辦事情有志工、到圖書館有志工、到醫院有志工，到處都有志工，這好像已經是生活中的一部分，像空氣一樣無處不在。

也許志工自己在做的時候，覺得我只是做一件好事，可是外面的人會感覺說：「喔！原來可以有一群人，這樣的奉獻自己，完全是利他的精神。」臺灣社會的志工精神，在全世界上來講，都是很值得驕傲的事情，在這一點上，我想慈濟是做了很大的奉獻。我也祝福，讓我們慈濟有更多年輕人願意參與、願意認識我們，讓我們的愛能夠影響更多的人。

## 王綽中 / 中國時報社長

我在媒體圈三十五年，
很想了解慈濟為什麼能夠把善行義舉做得那麼好？
原來信念一致，才能達到這樣的素質和效率。

2020 年中國時報社長王綽中，應邀至慈濟大學演講，與學生分享他數十年來投入媒體記者的寶貴經驗。（攝影／彭晶彥）

我們家最早跟慈濟結緣的是我太太，她有去精舍聽證嚴上人講話；我個人對慈濟印象最深刻的是在1993年的夏天。那時候我是中國時報的記者，我到大陸的安徽省去採訪，在安徽省待了一個月，當地的官員有跟我們介紹，1991年華東大水的時候，慈濟在當地的賑災。那時候我算是比較年輕的記者，才二十幾歲，就體會到慈濟在世界各地的行善義舉，感受到慈濟大愛的能量，這是我印象最深刻的，而且也逐漸了解到慈濟過去行善的一些過程。

我想——大家會怎麼去看待宗教？每個人的觀點都不同。但慈濟讓人印象最深刻的就是他入世的程度，大概是所有宗教派別裡頭，讓人印象最深刻的。而且最重要的是有一個偉大，而且龐大的志工群。他們就像是螞蟻或是這個工蜂，每天到世界各地去行善，而且是最有組織、有效率的一批人。

我印象更深刻的是1999年的九二一大地震，我們在媒體間有一句話：「政府的救災單位還沒到，慈濟就已經在那邊埋鍋造飯，開始來做救濟的工作。」所以這些年累積下來，讓我很想去聽聽看，人家說眼見為憑，我在媒體圈三十五年了，很想了解慈濟為什麼能夠把善行義舉做得那麼好？所以我們到精舍去，親自聽到上人給我們講話和開示，那種感受是很深刻的。

看到上人的時候，我就很深刻地在思考，為什麼慈濟志工的素質會那麼高？志工的效率會那麼高？我在思考一個核心的問題是：因為大家的理念是一致的。理念一致的話，才會達到這樣的信念；信念是一致的話，才會達到這樣的效率，才會有這樣的素質。

其實慈濟的核心觀念是「同理心」。我們人對人，如果你自己受到災難或是疾苦的時候，我們能體會；我們也是希望在災難、疾苦的時候，有人來幫助我們。慈濟的這種同理心，在慈濟人的身上，特別是在志工的身上，我們都看得到。我想，慈濟應該說是，我們周邊宗教中最入世的。它告訴我們，人在行善的同時，要用同理心、包容心，去看待周邊的事情；在行善的同時，也是在做內心的淨化。

我們常談到人有兩種：一個是獲取型，一個是奉獻型，到底哪一個快樂？我個人接觸的慈濟人，他們通常就是奉獻型的，而且他通常會比獲取型的人快樂。也就是說，透過慈濟的這個精神，還有慈濟人的善行義舉，其實對社會大眾有一個淨化的作用。

我們知道現在處於一個數位化的時代，從媒體的角度來講，過去是「為善不欲人知」，但我個人覺得，有善行義舉不是要大肆宣傳，而是要適度地讓社會知道慈濟有這樣的功能，因為它的背後，就是一個相乘相加的效果，愈廣為人知愈可以淨化人心。

其實以我們媒體人來講，媒體也都要不斷地淨化，不管在宗教的理論，或者是在宗教的義舉上，也應該要隨著時代來做變化。過去到現在，慈濟本身也做了很大的變化，上人在推動一些善行義舉，精神是一致的，精神是不會變的，但是在推動上，你的方法可以與時俱進，隨著時代的進步做調整。

因此未來慈濟除了要廣為宣傳之外，也得要更進一步來發展數位的媒體。慈濟人才濟濟，有各種人可以善盡他的職責，再透過數位化媒體的推動，其實可以讓大愛的精神更廣為散佈。也希望說，透過慈濟這個大愛團體，讓廣大的志工來推廣上人的理念，達到宗教洗滌人心、淨化社會的功能。

# 黃清龍 /《POP 撞新聞》主持人 前中國時報發行人

## 開啟臺灣善根社會的那把鑰匙

資深媒體人黃清龍認為，臺灣是塊寶地，是因為臺灣人以愛為珍、以善為寶，善舉源源不絕，因此能夠超越心理的藩籬，擺脫政治的紛擾，成就一道道美麗的人間風景，讓臺灣成為一個充滿善根的社會。（照片提供／黃清龍）

媒體工作數十年，逐漸養成遇事不驚的習慣，希望儘可能不帶情緒地看待世間萬事萬物。然而每當目睹災變發生，內心仍不免感受衝擊；觸動最深的則是事發後，一批批從四面八方湧入的善心挹注，那一幕幕人間菩薩景象，常讓我為之激動不已。

都說臺灣是塊寶地，寶在何處？答案或許就在如斯善舉的源源不絕吧！那代表臺灣人以愛為珍、以善為寶，因此能夠超越心理的藩籬，擺脫政治的紛擾，成就一道道美麗的人間風景，讓臺灣成為一個充滿善根的社會。

然而臺灣社會的善根從何而來？雖然「人性本善」乃中華傳統文化的一部份，卻不能說它就一定是與生俱來。畢竟人性有善的一面，也有惡的一面，過去我們也有「各人自掃門前雪、莫管他人瓦上霜」的傳統，現在卻是更多人願意伸出援手，想儘辦法讓受災人安心、安身、安定生活，這就不只是人性基本面的發揮而已，更是人性良善面的發揚。

在我看來，成立五十五年的慈濟功德會，就是開啟臺灣人發揚良善本性的眾多鑰匙當中，最重要的那一把。

證嚴法師曾提到，幾十年前他去訪視一位照顧戶，看到她躺在床上，一面哺育孩子，嘴邊還留著血水，境況堪憐。慈濟人自那時起就與她結下因緣，她從花蓮、臺東、高雄再遷居臺中，慈濟愛的接力綿延不絕，陪伴她從東而西、從南往北，照顧數十年。這是要多麼綿長的愛心廣布，讓各地的慈濟人不忍眾生苦地為別人付出，留下這層層疊疊的愛心足跡？

就像證嚴法師常說的，一個念善的種子，真正地植入心田裡，就能生出無量。只要人人當下從自身做起，再努力影響周遭的人，就可以使社會處處祥和。我認為這就是臺灣成為善根社會的祕密，也是慈濟用五毛錢為大愛鋪路，從開頭的細微深入到現今的廣大恢弘，成為全臺灣的慈濟、也是全球的慈濟的原因。

在眾多慈濟人當中，有一群人的身影特別吸引我的注意，那就是企業家慈濟人。

一般來說，從事企業的人因為商場競爭，都比較是以自己利益為中心，但卻有這麼多的企業家成為慈濟的義工。那麼又是什麼樣的起心動念，讓這些馳騁商場的人生勝利組，願意放下身段、給出時間加入慈濟的行列？他們成為慈濟人之後，又為自己和企業帶來什麼改變？

慈濟基金會副執行長何日生是我多年老友，我們從大學時代就認識。他跟隨上人左右，親身見證許多企業家在加入慈濟之後，生命產生巨大的蛻變，開始從以自我利益為中心，轉換為以關懷他人為中心。這些企業家投入慈善，不是為了虛名，而是真正體驗到付出的喜悅。從自利到利他，從追逐事業的不斷擴張，到領悟對人群付出的重要，簡單來說，驅使他們長期不斷投入慈善，是因為從無所求的付出中，感受到了生命的真正價值。

日生兄還觀察到，這些企業家不僅因為投入慈善而改變自己，甚至經營事業也產生重大的轉變。他們將慈濟的人文價值運用到企業裡，特別是是慈濟的核心理念感恩心，企業家們運用到事業上，開始對員工感恩，對家人感恩，對朋友夥伴感恩。當他們不再以賺錢為唯一目的，反而更能樹立形象，建立企業口碑。

日生兄把這樣的正循環稱之為「善經濟」，寫成《善經濟：經濟的利他思想與實踐》這本鉅作，深入探討在謀取最大商業利潤利益的資本主義社會中，如何能以上人慈悲利他的精神、透過實踐予以轉化，讓慈悲利他的精神更進一步融入世間，成為世俗社會共通的普世價值。

我們身處資本主義高度發達的廿一世紀，隨著全球化的發展，在世界各地都出現嚴重的貧富差距，成為許多國家動亂的禍源，也是當今民粹主義盛行的病因。如何扭轉資本主義的不足與缺失，已是各國共同面臨的課題。慈濟「善經濟」的理念，或許就是那帖藥方，倘能推而廣之，讓更多企業家投入慈善行列，使其成為人類文明「共善」的力量，將使「全球的慈濟」更有高遠意義。

五十五歲的慈濟，任重道遠，值得期待。

# 宗教共善

## 淨耀法師 / 中國佛教會理事長

感謝上人代表佛教，把慈善做得這樣的淋漓盡緻，
但是在好的當下，還是要深入經藏，智慧如海。

「齋戒護生愛大地 · 七月吉祥報親恩」祈福會，2016 年 8 月 5 日起連續三天在中正紀念堂兩廳院廣場舉辦，以傳統戲曲等藝術形式，傳達農曆七月的正信觀念，多位法師與慈濟志工共同演繹，會後在三重靜思堂心得分享，淨耀法師頒贈結緣品。（攝影／張凱惠）

我跟慈濟結緣的話，應該是兩個方面：一個是 1984 年，我從美濃雷音寺，到臺中太平去親近印順導師，跟著印順導師這一段時間裡，跟慈濟有了接觸；第二個因緣就是家師廣化老和尚，當時因為身體違和，我跟證嚴上人講了之後，上人希望他能到花蓮的慈濟醫院，住院期間，上人每天都來看他。這兩個算是說，跟慈濟接觸的兩個比較深的因緣。

證嚴法師起初看到貧、病這兩件事情，起了悲憫之心，在花蓮創辦了慈濟功德會，也創設了慈濟醫院，幫助貧窮的人走出貧窮，讓生病的人能恢復健康。這個工作從宗教的興盛內涵來說，有三個因素不能少，第一就是慈善：一個宗教如果沒有慈善的工作，很多的眾生接引不來，佛教的慈善工作，是修福的工作，也是接引眾生的方便法門，有悲憫的精神存在，是社會善循環的一種力量，這一種善的循環的教導，就是佛法裡面講的，慈善當中帶有教育。所以三個元素當中，第一個是慈善，第二個是教育，那第三個的話，就是要讓有緣人，都能了解到佛陀的智慧與慈悲的精神，這就是佛教的文化。

所以學佛的人應該很清楚，佛法是從「信」當中去「實踐」，真正「信」的人一定會去「實踐」，有去「實踐」後，「不經一事，不長一智」，就會從解悟透過實踐之後變成證悟，這就是佛法所強調的。那在這個過程中藉由佛法的引導，讓我們智慧能開；那智慧要能開，就是要有慈悲心，福德因緣夠，心胸越寬大越柔軟，越能夠去關懷眾生，那就是慈悲心，帶動了修福。

慈濟在現今的社會代表了佛教慈善的能量，那麼在整個慈善的工作裡面，證嚴上人引領著慈濟整個團隊，能夠把佛陀的慈悲，不但從臺灣的社會去做這個所謂的教富濟貧的工作，同時也將這種精神，延伸到整個國際，影響到世界各國，這是值得慶幸的。我以中國佛教會的立場，給予十二萬分的肯定跟祝福，也感恩上人的智慧，他能夠以一方淨土，讓慈濟所有的善男子、善女人共同來植這個福田，才能夠營造目前慈濟的這個榮景。

除了對慈濟走過這五十五年的歲月表示肯定，也感謝上人代表佛教，把慈善做得這樣的淋漓盡緻，也感恩我們所有慈濟的會員、慈濟的委員追隨上人，能夠贏得社會大眾的認同，把這個善能量做得這麼好。但是在好的當下，還是要深入經藏，這個就是我們三皈依裡面講的——「皈依法，當願眾生，深入經藏，智慧如海。」但願每一個人在實踐過程當中，智慧更純熟，心胸更寬大，福德更具足，用這個有限的生命，創造存在的價值，這個價值就是能為眾生來點燈，能時時刻刻帶給眾生溫暖，也時時刻刻布施給眾生幸福。

## 果暉法師 / 法鼓山方丈

入世濟世的觀音化身；
救苦救難的慈濟菩薩們是受到了證嚴法師的言教、
身教所感召，
因此人人如同觀世音菩薩化身一般。

2019 年 9 月 18 日，法鼓山第六任方丈和尚果暉法師率團參訪慈濟美國總會，交流在美國弘法與推廣佛教志業的心得。果暉法師在開示後，致贈聖嚴法師墨寶：「好願在人間」，由慈濟美國總會執行長黃漢魁代表接受。（攝影／蔡松谷）

《梵網經》說：「若佛子！見一切疾病人，常應供養如佛無異，八福田中，看病福田，第一福田。」唯傳統佛教有志之士，能夠廣泛施行濟苦救難的悲田事業者，仍在少數。人間的苦難總呈現在貧苦與病苦之中，慈濟創辦人上證下嚴法師有感於「貧」終歸究於「病」，故欲救貧苦，必先救病苦，從而感召有志之士共同創立當代佛教慈濟慈善事業團體，這可以說是近代太虛大師提倡佛教現代化、人間化以來，將佛教慈善事業現代化、人間化的新里程。

1966 年初創的慈濟團體，迄今屆五十五周年，長期推動「四大志業、八大腳印」，含慈善、醫療、教育、人文，及國際賑災、社區志工、骨髓移植、推動環保，皆有目共睹。特別是整合慈善與醫療的賑災義行，跨越地域、族群、語言、文化乃至宗教等社會結構的藩籬，而能迅速動員、及時救災，已於全球產生廣泛的貢獻及影響。

慈濟創立早法鼓山二十餘年，向來為法鼓山所敬佩與學習。事實上，恩師法鼓山創辦人聖嚴師父早年即與慈濟有多次互動。最早如 1987 年 2 月，當時慈濟為興建醫院而舉辦紀念堂（今花蓮靜思堂）競圖，聖嚴師父即為受邀評委之一。又於 1991 年 6 月，當時人在紐約的聖嚴師父，出席了慈濟紐約支會的成立說明會，讚揚慈濟菩薩們是以佛教徒的立場，對人間所做生活及生命的普遍關懷。至 2000 年 2 月，恩師為探訪在花蓮靜思精舍靜養的印順長老，曾率領時任中華佛研所副所長的惠敏法師等四眾弟子一行前往探望，並拜訪證嚴法師，互換弘化與興學的心得，獲益良多。

恩師對於近代太虛大師倡導的人生佛教理念，而由印順長老繼起的人間佛教路線，始終感念不已，並將此視為當代佛子回歸佛陀本懷、推動世界淨化的不二使命。慈濟提倡「預約人間淨土」，法鼓山宣揚「建設人間淨土」，這一承先啟後的人間佛教大業，各佛教團體雖有不同的著力點，卻各盡其力而互資互補，成就多元的當代佛教關懷。

而我個人，自 1997 年赴日留學期間，曾數次陪同日本各寺友人、學者訪臺或參加學術會議。例如 1999 年訪臺的立正大學松村壽嚴及庵谷行亨教授、日蓮宗常圓寺住持古河良皓等人，以及 2000 年到訪的立正大學三友健容、三友量順教授一行等，均對本地的佛教團體極為關注，參訪慈濟則是重要的行程，由此可見日本佛教界對慈濟團體的重視。經由數次陪同參訪，使我對慈濟志業有了進一步認識，也對志工菩薩們在忙於接待之中，仍保有齊整的行儀，留下了深刻的印象。恩師聖嚴師父也教導我們，菩薩行要表現於莊嚴的身儀、口儀，乃至心儀之中。

2019 年 9 月，在我接任法鼓山方丈後，首赴北美巡迴關懷，行至洛杉磯期間，也到訪了慈濟美國總會，由當時擔任執行長的黃漢魁菩薩率領數十位慈濟志工幹部，為我們一行人簡介慈濟志業。當我聽到志工們分享「以戒為制度，以愛為管理，以團體為重，以利人來自利」，當下深受感動，覺得非常受用。佛教三藏常提到以戒為師，若不持戒，則修定不成、智慧不發，故以持戒為三學基礎。另一方面，大乘菩薩道重視利他的發心，即是消融了自我的平等慈悲、大愛，因此，實踐利他的慈悲行中，也必能開發出無我的智慧。是以，「以戒為制度，以愛為管理」的實踐方針，即是入世、化世的菩薩行履。

身處二十一世紀的今天，人類社會隨著科技文明的急速發展，對我們賴以生存的地球環境，造成難以彌補的破壞和耗損，此與近年全球災害頻仍，實有密切關係。而每當世界各地發生重大災害時，身著「藍天白雲」制服的慈濟志工身影即時到全球災區救災送暖。我相信，救苦救難的慈濟菩薩們是受到了證嚴法師的言教、身教所感召，因此人人如同觀世音菩薩化身一般。今適逢慈濟基金會創建五十五週年，謹以上述淺略見聞，隨喜證嚴法師和慈濟大眾的深廣菩薩願行。

## 昭慧法師 / 玄奘大學宗教與文化學系暨研究所專任教授<br>前玄奘大學社會科學學院院長<br>佛教弘誓學院創辦人

**去拜會證嚴法師，那時候我還是有點小尷尬，**
**因為我還真的曾經批判過慈濟。**
**但是見到他的時候，他只是慈愛地跟我說：**
**「我們可以多互相了解。」**

2017 年 11 月 23 日，昭慧法師帶領國際入世佛教協會貴賓，參訪雙和靜思堂與環保站，法師並於現場分享慈濟。（攝影／黃文禮）

記得那是 1987 年的暑假，當時我帶著福嚴佛學院第四屆畢業班，那一屆的畢業旅行其中一站就是花蓮的靜思精舍，我在那裡第一次見到證嚴法師。當他開示的時候，大家一邊聆聽就一邊掉眼淚，那是我從來沒有過的經驗，我從來沒有經驗過一個人一邊講話讓旁邊的人一直掉眼淚，其實那個掉眼淚的人包括我在內，其實我也不知道我為什麼那麼感動，所以我一直體會到就是說，這位法師他有種非常特殊的攝受力，他的人格特質、他的那個慈悲的那個情感的流露會感染到別人。

這次的會面給我留下非常深刻的印象，但是接下來很長時間並沒有什麼太多的互動，簡直是沒有互動！因為我是到 1977 年以後慢慢地就介入一些社會運動，風格又差很大，所以我跟慈濟之間就比較疏離。

我第一次比較有改善應該是在我們的佛誕放假運動，佛誕放假運動那一年應該是在 2000 年，因為那時候有總統大選，我們一直認為政府長期都是假行憲紀念日名義放耶誕節的假，所以佛教界就希望有佛誕節，因此發起了佛誕節放假運動。

當時淨耀法師他鼓勵我們一些青年法師們，成立一個工作團隊在推這件事情，他建議說去拜會證嚴法師，那時候我還是有點小尷尬，因為我還真的曾經批判過慈濟。但是見到他的時候，他只是慈愛地跟我說：「我們可以多互相了解。」

我就覺得這位法師他處理這個人我之間的爭議，就是他的格局是很高的。

印順導師在生病以後因為比較長期住在花蓮的靜思精舍，而印順導師也曾經在佛法上開導過我，所以我每個月都會去一趟花蓮向導師請安，見他老人家的同時，當然也就會見得到證嚴法師，我們這樣都在導師座下互動就漸漸熟悉，但也是各忙各的事情。一直到比較會跟他的互動主要還是來自於「一灘血事件」。

慈濟人大概都聽過證嚴法師敍述過「一灘血」的因緣，他只是在敍明自己創辦醫院的緣起，也沒有什麼惡意，沒有任何想要去把當事人揭發出來的想法。有一次是舉行薩爾瓦多地震的記者會，證嚴法師也在場。記者會前有位師姊就介紹一個老人家讓證嚴法師認識，這位老婦人就問師父說：「師父你還記得我嗎？」證嚴法師接觸的人那麼多，當然記不得。這位婦人就說：「我就是那個當年您看到一灘血在地上，您問我怎麼一回事？我回答您說：『那是一位難產的婦人，因為交不出保證金已經被抬回去了。』」婦人說：「那個就是我！」

大家可以想像，這樣的一個人突然就出現在自己的眼前，證嚴法師一定很開心，現場記者當然就是都好驚訝，注意力立刻就放在那裡了。有記者就訪問說：「是在哪裡看到的？」結果婦人也不假思索地回答，就是那個鳳林的某一個診所。

沒想到第二天就變成頭條新聞，醫師的名字跟那個診所全部曝光了，產生了後續很多、很多的問題。

這個問題本身沒有什麼，但是夾帶了許多人本來對慈濟的不滿，我也知道他們的不滿都是認為慈濟吸納太多的資源。所以在這個情況下，大家的箭射向慈濟。

我起先也搞不清楚到底發生什麼事？原委如何？但是等到攻擊太過的時候，曾經有一個醫師在報紙副刊砲轟說：「慈濟的龐大帝國是建立在於一灘血的謊言上。」那個標題就非常鮮明，我看了就覺得很不舒服，我就寫了一篇文章反駁他，在這以後我就漸漸地在關切。

後來我建議趁這個機會再去找到原來的當事人家屬，因為那位當事人已難產過世，但一定有家屬可以提供更為一手的資料，讓證據說話，杜絕他們指控慈濟是在建構謊言。結果當時的何日生主任真的神通廣大，他就跑到當地，真的找到婦人的妹妹跟媳婦，還有當時扛婦人下去的幾個大男人，連那位她的丈夫陳文謙吧？ 他在世！所以這個真的是訪問了一個非常珍貴的資料，晚報報出來以後那整個社會就震驚了，全臺灣的整個輿論風向就比較逆轉。

緊接著就是內湖這個事情，就是一連大概有四十來天吧！就是不斷地在每天被一爆料、每天一爆料的方式攻擊慈濟，所以我其實是在那個過程中無形中被拖入到一個風暴中心，其實我覺得做這些事情很坦然就好了。

在這一次的事件中，跟慈濟就很像又更密切地有一些互動，因為我覺得那一次的災難比一灘血事件的危機還強大，因為這麼多年不去辯解，使得整個社會的那個反慈濟的那種隱形力量很強大，我知道當然慈濟也難免會動到元氣，但是我認為也未嘗不是一個好事，因為就在我們大家都尊敬的證嚴法師還在世的時候，他有這樣的威德跟力量去把這樣的一個風波平息，他整個再重新盤整他的隊伍，而且這麼多年來大家順風順水，有時候自我的反思力量也不強，所以至於做得不夠圓滿的地方，也可以攤開來好好地檢視一下，我覺得對慈濟的體制來講未嘗不是好事，就那件風波上我們有比較多的互動。

事實上慈濟的朋友不只在佛教界，相對地來講他們所踏入的國度包括伊斯蘭教的國度，基督宗教的國度，他們贏得了很多異教的友誼，不是一般宗教團體做得到的，我覺得那個真的是慈濟證嚴法師的胸懷，他充分體會佛法回到對生命的尊重跟疼惜的基本面，而不被意識形態切割。這樣的高度正好是佛法的高度，因為我看到佛陀的胸懷也向來並不是去切割宗教。

這種故事在《阿含經》中就有，所以我覺得利他型的宗教，在沒有自我利益考量、利益衝突考量的情況下，大概來講是讚歎慈濟、尊重慈濟，甚至於很多人成為慈濟的好朋友，就是包括宗教領袖或者一些宗教的信徒大家彼此成為好朋友，所以就這點來講我覺得慈濟也算是一個典範。

所以其實他們也在開始修捨無量心，他不像一般人在禪堂中修，但他們在動中修行，其實就是在做捨無量心的修行，所以一點都不需要去說我們佛法上不精通，其實他慢慢頂多是佛學名詞不通達，但是意境上他是類似的。

大乘佛教中本來就沒有認為善事是不可以做的，只是能不能跟無我的智慧相應，它能不能跟空性的智慧相應，就是這樣的一個原則，不能跟空性智慧相應，它就是一般世俗的善事，如果它跟空性相應、跟無我的智慧相應，它就叫做成佛的資糧。

比如《金剛經》裡面，佛陀告訴須菩提，以無我、無眾生、無壽者相而修一切善法，是名阿耨多羅三妙三菩提。修一切善法這是重點，表示一切善法都可以成為成佛資糧，並不是限定了只有打坐、誦經、拜懺等等才是，所有善法都是，「無有定法名為阿耨多羅三藐三菩提」，哪有固定呢？你認為什麼叫做標準規格嗎？一定要誦多少部經？一定要念多少聲佛？那樣的標準規格嗎？

其實對於慈濟人來講，他面對的是不同的情境，有些是國際的賑災場合，有些是環保志工在整理非常多很惡臭垃圾的場合，有些是到貧民窟去拜會那些感恩戶的場合，場合千般萬樣，接觸到的人、事、物，林林總總，無有定法，不是那個定法規格才叫做阿耨多羅三藐三菩提無上正等正覺的資糧，而是他在那個境界中遇到的那件事情，那個人或者那個生命。

他能夠用「無四相」：無我相、人相、眾生相、壽者相的心態去妥善處理，盡所能的讓對方在相對最好的情況下得到紓解、得到舒適，那其實他就在不知不覺中實踐菩薩道，所以我是從這樣的一個大乘佛教的框架下去看這個問題的時候，我覺得慈濟是當仁不讓的。

## 劉若瑪 / 優人神鼓創辦人
## 黃誌群 / 優人神鼓藝術總監

**2020 年 8 月， COVID-19 疫情籠罩全球之際，一場《金剛心》感恩祈福公演，繫起了優人神鼓與慈濟共同為天下祈福的因緣。**

由花蓮縣政府文化局與慈濟基金會合辦「優・慈濟・洄瀾—感恩祈福善念共振」，2020 年 8 月 28 日在花蓮靜思堂總彩排。圖為優人神鼓《金剛心》公演第六段「持劍之心」，五位勇士手持智慧之劍（長棍），以武術動作打擊兩面側鼓，此時鼓聲、身體律動與梵唱都在節奏中，每一個劍擊都是一次棒喝。（攝影／江展楠）

在花蓮第一次參與「感恩祈福 · 善念共振」《金剛心》感恩祈福公演的幾天中，包含彩排、演出、訓練、工作、飲食、住宿及接待時，頻繁地接觸到慈濟志工們，都有一種溫暖，待人的方式非常禮貌，是一種對人的尊重，讓人覺得很溫暖，這是一種很特別的幸福感，我們受到無微不至的照顧，特別沉浸在精舍、靜思堂時，給予我們安詳平和的感覺。

慈濟創造良善的社會，而且將此慢慢地影響更多的人，就如慈濟志工們的「良善」，深深影響著慈濟存在於臺灣社會的價值吧！而這良善力量的背後，是一個「法的力量」，像證嚴上人對人本性的關懷，希望「人人都可成佛，人都可以離苦得樂」的精神，得到法的滋潤，從內而去顯外的，然後影響每一個人，每一個人又去影響了更多的人，這股力量的擴大與持續影響著。

對人類的社會來說，不論從個人到一個社會的轉變，都是一個很好且珍貴奇特的能量，不僅於在臺灣實行，還在國際間推展，從個人到臺灣再到整個世界，這股力量很奇特，非常罕見！

在華人世界，慈濟的慈善志業，如《法華經》的〈觀世音菩薩普門品〉——「千處祈求千處應，苦海常作渡人舟」的精神，在無形中亦是一整部《法華經》的演化、演繹與影響力，從一個內在對法的了解，顯現到個人、家庭、國家，甚至是整個世界，這是非常令人讚嘆的！這也轉變了我們對佛教以前很多修行的觀念及看法。

也因為證嚴上人的發心、立願，看見眾生的苦，以及希望渡眾生到離苦得樂的境界，不是為個人益己的解脫，而是看到眾生都有相同的解脫能力，他也看到世界上很多人的受苦，所以他從一個受苦、小我個人解脫當中，看到眾生的苦難，把佛教人間化、生活化，甚至可以契入自己內在本性與佛性的立願有關係。

早期我們所認知在深山中修行、傳法或幫助他人的佛教，皆具有影響力，但慈濟不僅於在法的傳遞與傳播力，甚至身體力行解決我們生活上的凡事，這是很全面且特殊的！

慈濟能夠成為華人世界最大規模的慈善組織，因為從《蓮華經》的扼要到入門，但證嚴上人在自己內在的禪定、內在空寂的了悟，將此變化妙用、妙法善用，是一種善用法，是一種如何進入人世間，如何變通、比喻的方法，不是內心的自我了斷的禪定而已，如此才能進入人世間。

如同一個公司、組織而有規模，佛陀講了全人類規模、組織的方式，將心胸放大的時候，所做的事情將變成全部人的，所以證嚴上人從《無量義經》就知道如何讓自己的力量變大，對《法華經》的領悟力中，讓人們了解幫助別人自己才會更好，以至於展現最有智慧的組織。

而證嚴上人的了悟和明白的時候，其實就將自己的心就跟佛陀一樣的高度，架構這個屬於全部人的組織系統，將慈善機構走遍全世界，因為這個就是宇宙星球看到的地球全部的人，當然他就會走到全世界，內在就沒有分別。

## 呂若瑟神父 ／財團法人天主教靈醫會董事長

**我很敬佩證嚴法師，雖然他是佛教徒，**
**不過他的作為及精神，**
**與耶穌、瑪利亞及教宗方濟各的精神相同，都是愛人如己。**

2020年4月，來臺服務五十多年的呂若瑟神父，眼見故鄉義大利COVID-19疫情嚴重，懇求臺灣各界伸出援手。短短六天內，全臺超過二萬人捐款，捐款總額及物資高達一億多，慈濟也是臺灣眾多支持的愛心之一。臺灣民眾的溫暖，讓呂若瑟神父禁不住說出：「謝謝臺灣。此時我更堅信，這就是我一生都想留在這裡的原因！」（照片提供／呂若瑟）

臺灣的佛教很特別，很重視慈善工作，值得提到的是慈濟功德會的創辦人證嚴法師，人家稱呼他為臺灣的德蕾莎修女。他會在花蓮成立慈濟功德會的動機，主要是他看到臺灣的傳教士第二次世界大戰後，開始在臺灣所做的慈善工作。

慈濟功德會的座右銘為訓練有錢的人救窮苦的人。其中我還知道成立之初有一群婦女（約三十位）每天節省五角，集資後幫助窮苦的家庭。後來慈濟功德會慢慢地擴大服務範圍，所做的事包括醫療、災難救濟及環境的保護工作。在1972年成立了第一座診所，並在1986年興建了第一所醫院，我知道慈濟功德會有很多計劃，興建房子、學校醫院、佛堂……在2021年3月按照統計，慈濟功德會共有上千萬名會員，分布在六十六個國家中。

我有機會認識證嚴法師是在2000年左右，因為當時在羅東我的大哥呂道南神父（Fr. Didone Antonio）生了重病，罹患「進行性上神經核麻痺症」，因為這樣，我有機會帶他到花蓮慈濟醫院治療他的疾病。當證嚴法師得知這件事後，馬上就來到病房慰問他，就是因為這樣才能認識他並和他建立關係；當哥哥完成治療回到聖母醫院後，證嚴法師還是帶著他的愛心及關心，主動來到羅東探望哥哥，這種精神令人感動。還有一次機會是帶著義大利的新聞記者去拜訪證嚴法師，在與他的訪談中及平日作為中，進一步了解他真正是臺灣的德蕾莎修女，充滿愛及關懷大眾。

還有一次我們計畫在宜蘭縣三星鄉，興建一座新的聖嘉民啟智中心，非常缺乏興建經費，那時我就馬上想到要向證嚴法師求救，所以就親手寫信給他。證嚴法師在看到信並瞭解實際狀況後，馬上捐出八百萬的經費，解決了啟智中心因缺乏經費，無法順利興建電梯來接送孩子的問題。

我們的教宗方濟各在 2020 年 10 月 3 日，於義大利亞西西頒布了一套新的《眾位弟兄》通諭，內容主要是在強調我們要不分種族、宗教、信仰、社會地位、年齡、貧富、物種，大家皆為平等，大家都為一家，都是兄弟姐妹，需要彼此關心、尊重及照顧，特別在新冠肺炎的時期，因為彼此團結才能充滿希望及期待。到現在我還是很敬佩證嚴法師，雖然他是佛教徒，不過他的作為及精神，與耶穌、瑪利亞及教宗方濟各所推動的精神相同，都是愛人如己。在慈濟功德會成立五十五週年的日子，特別感謝你們對臺灣及世界無私的貢獻。

## 馬德威 ／中國回教協會理事長

慈濟常說：「心量要大，只要心量大，彼此就沒有不同。」
我覺得就是互相尊重、包容，
我們彼此之間就沒有所謂不同的地方。

馬德威理事長在受訪時提及，2018 年花蓮大地震時，他看到慈濟在土耳其援助的敘利亞難民家長和學生，踴躍回捐善款給臺灣，表達他們感恩回饋的心。馬理事長認為，慈濟為這些孩子種下了善的種子，讓愛淵遠流長地持續下去。（攝影／陳何嬌）

我對慈濟志工一開始的一個印象，是我的阿姨，她還沒過世的時候，就是慈濟的志工。二十多前，她在家中猝逝，消息傳出去之後，過了半晌不到，就有很多慈濟的志工紛紛過來探望家屬和助念，然後整個家中就快要容納不下，甚至樓下梯廳也都是滿滿慈濟志工。他們有的是來幫忙念經，有的是來幫忙安慰家屬。那時候我還比較年輕一點，所以我心裡就很震懾，就是覺得說：「哇！多麼團結的一個團體，我覺得為什麼能在一下時間動員那麼多人？」可是確實也給喪家帶來無比的安慰。之後我因為到沙烏地阿拉伯唸書，所以就比較少在國內，但慈濟的這個名聲大家都知道，而且慈濟志工好像都生活在周遭一樣，無處不在。

因為證嚴上人他提倡的是，每一位志工都是一個菩薩，無形當中就會讓眾生的肩膀上，擔子就重了！所以每位慈濟志工看到有人飢餓了，他會想說怎麼辦？怎麼幫他？又譬如說，我生存的地球上看到很多汙染、看到垃圾變多了，那我們要如何改善環境？我覺得現在慈濟做的很多事情都比較有前瞻性，是為了我們人類未來的發展，為了與這個地球共生存，大家如何共同在這個紛亂的世界上彼此幫忙。互助是人類面對困難時最好的解方。

我想慈濟的志業從一個小愛，慢慢衍成一個大愛，那這個愛已經從一個小苗慢慢變成一棵大樹了，並延伸到全球的子民。我覺得這對全人類來說，都算是一種啟發。因為在慈濟裡面有一位我們穆斯林的志工，他叫胡光中，他也是因為那時候 1999 年土耳其大地震關係，因緣際會他成了慈濟土耳其聯絡點的一個負責人。

他在此結下這個緣之後，因為敍利亞內戰，造成很多的難民流離失所，被迫放棄家園逃到土耳其，他就在慈濟的協助之下，在土耳其境內蓋了滿納海學校。更難能可貴的就是說，他這個學校，是全阿拉伯語的教育，因為敍利亞人都講阿拉伯語，也保留他們原本的教育體系，讓這些孩子學習宗教、學習阿拉伯語，讓他們有朝一日能回到祖國的時候，他們的教育不中斷，然後引進醫療的一些全方面的照顧。我覺得這是一個，上天或造物主安排的一個非常好的事情。

我覺得尤其讓我非常感動的是，幾年前花蓮有個大地震，那時候在土耳其當地學校的難民、孩子們，他們還為臺灣祈福、捐款。他們是被幫助的人，但他們拿他們有限的錢回捐，回捐給慈濟的竹筒。我看到錄影畫面，孩子往竹筒回捐錢，讓這個愛淵遠流長地持續下去。我覺得這個等於是慈濟種下了善的種子，並且讓這個種子持續地發揚光大。

我們默罕穆德聖人說過一句話，他說：「我們每位人在歸真（逝世）之後，他在今世當中的工作通通結束了，但是有三件事會持續在今世當中不被改變。第一個就是『永久持續的一個善功』。你今天蓋了一個清真寺，讓後人持續去做禮拜；你今天蓋了一個醫院，讓後人免受病痛的騷擾；或甚至你種下一棵大樹，讓後人受庇蔭。甚至一個小小的愛，你把路上一個石頭移開，讓其他的人不會被絆倒，我想這都是一個愛，可以源遠流長地持續下去。第二點是你的知識或你的學問，後人會持續地受用；第三個就是你有個好的子嗣，為你做祈禱。」這個聖訓，跟慈濟在做的事好像不謀而合。

我覺得慈濟做最好的就是，大家在做這些事情不一定有宗教色彩在裡面，純粹就是去幫助人。就像我有看到慈濟的志工，救助塞爾維亞，還有中亞一些地方，飲食方面的救助。那時候適逢我們的齋戒月，慈濟也配合他們齋戒月的時間去做一些調整。就是慈濟常說：「心量要大，只要心量大，彼此就沒有不同。」我覺得就是互相尊重、包容，我們彼此之間就沒有所謂不同的地方。

# 慈善

# 劉月梅 / 荒野保護協會理事長

就像我所從事的環境生態保護工作一樣，
慈濟做的也是基於對全世界的愛。

2016 年 2 月 21 日，臺中荒野保護協會炫蜂團參訪慈濟大里環保站，體驗水果網套塑膠袋的分類回收。（攝影／江金連）

我加入慈濟當會員的時間，大概和我加入荒野保護協會的時間差不多，都超過二十年以上了。

平心而論，對於慈濟的志業，我比較有接觸的應該是「環保」，其他的我就不敢說，但是不論我自己接觸，或是從媒體所了解，慈濟所做的事情，不管是社會慈善、急難救助或是國際賑災和人道關懷，我都非常認同。就像我所從事的環境生態保護工作一樣，慈濟做的也是基於對全世界的愛。

我家一直住在新竹關西，二十多年前小兒子剛出生時，住家附近就有一個慈濟環保回收站，當時我也有投入慈濟環保工作。有一位目前非常資深的慈濟彭貴美師姊，她是我的鄰居，和我們感情很好，有一天她就問我要不要加入當慈濟會員，當時我沒有想什麼，知道慈濟募款都是在幫助需要的民眾，也就很自然地加入，所以我們一家五口都成為慈濟會員，一直到現在，小兒子已經二十幾歲了。

當然這二十年多來，事物也有更迭，原來在我家附近的環保站，原本也是鄰居的地，這塊土地也早已收回；但是慈濟的資源回收工作並沒有因此就停頓，只是換個方式，從原來的定點轉換成一部機動車輛，還是繼續集合著附近居民，把環保工作落實在生活中。

非常令人感動到有一點點羡慕的是，慈濟這三十多年的環保工作，一路走來，一直有一群越來越龐大的無名英雄在默默支持，那就是慈濟的環保志工。

我個人是學生物的，也屬於比較自由派，無可否認對於非科學領域我也接觸得比較少，但是我絕對尊重不同政治理念和宗教信仰，所以我覺得能有這麼多的志工，如此長時間投入一件事情，必定是因為大家的心中都存在著一個非常堅定的中心思想，才能夠把一件工作落實得如此徹底。尤其從大愛電視臺經常看到，不管是鄉村還是城市，有許多上年紀的老人，就算行動不方便，也投入愛護環境工作的行列中，這在全臺灣慈濟以外的地方不但看不到，同時也非常令人感動。

慈濟推動環保工作，經過三十年的變化，目前強調的是「清淨在源頭」，也就是從一開始就減少資源的使用，因為地球資源有限，資源的開發無可避免地會對環境造成衝擊，人類過度開發資源已經使得地球的生態受到破壞，所以我們亟需要從生活中改變，減少資源的使用，這和荒野保護協會的理念也是一致的。

如果一定找出差異，我覺得兩者的不同是：慈濟是從民眾的生活上去影響，比較沒有涉入政治；但是我們荒野保護協會希望也能從政策上去改變，增加製造商的責任，減少過度使用資源。其他的就是工作面向的不同；例如荒野保護協會也關懷包括生態環境、棲地復育等議題，而慈濟則是致力於人類行為和心靈的教化。

在這次訪問之前，剛好在整理一篇文章，也算是個人對下個世代環境教育工作的梳理；慈濟環保工作的價值，在於教化人心對環境的尊重，並且以宗教家的立場，教導人類回歸減少欲求的清淨本性。

因為我們必須了解，今天我們取用的許多資源、隨手破壞掉的環境、不經意滅掉的物種，毀壞的都是我們未來子孫的利益，所以這也是我們這個世代必須要覺醒的——「永續」的概念；沒有永續，地球的資源終將告罄，我們後代子孫就無以為繼，這些是非常重要的環保工作的價值，不止是慈濟，我相信包括全球所有投入環保工作的人，都是在這個價值理念下，不分地域、種族、文化共同在環保上努力，也希望能夠獲得更多人的認同與支持並且一起加入守護地球的行列。

## 舒靜嫻 ／財團法人陽光社會福利基金會執行長

**我覺得慈濟是個非常尊重專業的組織，**
**陽光的專業也被肯定、認同。**

2017 年 6 月 23 日，為八仙塵爆燒燙傷患者研發之「新型高性能涼感壓力服」發表會上，國智經編董事長吳中庸（左二）、紡織產業綜合研究所所長李貴琪（左三）及大愛感恩科技董事長黃華德（右四），代表三方合捐二千碼壓力布，由陽光基金會董事長馬海霞（左四）代表接受。（攝影／林慧萍）

我在陽光基金會工作這段時間印象最深刻的，是 2015 年八仙樂園的粉塵爆燃事件，它造成了一個重大燒傷事故。當時陽光就很積極地部署跟規畫服務。事件發生一個禮拜後，慈濟基金會的慈善、醫療、人文三大志業體與大愛感恩科技的主管都來到陽光，想了解有沒有什麼可以幫忙的地方？這對陽光來說，是一個非常大的支持力量。

陽光非常專注在顏面損傷者的服務，有關他們燒傷後的生活重建，進展到現在的口腔癌病友這個族群。同時也進行預防，及社會教育，燒傷預防、口腔癌預防、臉部平權的推廣。當下，因為慈濟醫院也接收到了燒傷的患者，我就提出兩個需求：

一是燒傷急性期復健：急性期復健的目的，是傷者在燒傷病房做急性期治療的階段，醫療人員除了救命之外，也要顧及他的復健，預防肢體變形。預防肢體變形的目的，是為了傷者在出院後進入復健期，可以減少他們的辛苦，也可以減少社會資源的投入。

第二個就是因為傷者在復健期要開始穿壓力衣，抑制疤痕增生，縮短復健時間。然而傷友們最常反應的是，壓力衣穿起來不舒服、不透氣、很緊！所以一方面要顧慮它的壓力值，一方面又要增加舒適度，要在這兩端當中取得一個平衡。我們就想到說，需要一款比較舒適、涼爽的壓力布料，能夠讓傷友在夏天的時候願意穿著。

這兩個訴求，慈濟聽到了！慈濟醫院就來邀請我們的資深治療師前去授課，關於燒傷復健的知識與技巧，希望能夠進行技術轉移；而且不管是燒傷復健或心理方面的經驗，慈濟都很願意吸收，我們的同仁也將這些經驗分享給慈濟的志工們。當下我就覺得，慈濟是一個非常尊重專業的組織，陽光的專業也能被肯定、認同。

證嚴上人也見了好幾位粉塵爆燃的傷者跟他們的家人，也聽到了他們的需要；任務交付之下，大愛感恩科技公司接下了壓力衣布料的研發，並找了國智經編公司一同來研發涼感壓力布。國智經編本來就是一個製造布料的公司，吳中庸董事長甚至停下一條生產線，專門投入這個研究案；他們的夥伴也都非常積極，共同絞盡腦汁，產出這款布給燒傷者使用。

研發機能性布料的過程當中，動員了非常多的慈濟志工來監測傷友的壓力值變化；慈濟不管是工作人員或志工們，使命必達的態度都讓人非常地感動。我也去見過上人二、三次，從他對所有人的諄諄提醒跟教誨當中，感受到那股安定的力量。陽光想要影響整個臺灣社會，但我們能做的很有限，正因為慈濟志工非常多，如果我們的專業領域影響了慈濟，可能就離我們要想要達到的目標又前進了一步。

此外，我覺得賑災這事情，依我所見，慈濟做得非常好；在第一時間有熱食、有可以遮風擋雨的地方，而且動員非常地快速——這是一個基本需求，而慈濟可以立即供應。但是有些時候可能家屬不一定一直需要有人在旁邊，我覺得未來可以再多一點細緻的判斷跟評估，這是慈濟有能力可以給的。

慈濟引導著一般民眾，甚至企業，投入公益領域擔任志工；不論你是什麼身份，即使是一個小小的個人，儘管家境不怎麼富裕，都可以付出時間來擔任志工，也提高了他們的生命價值。在這麼廣大的志工投入，跟實際的影響之下，對臺灣社會公益領域的貢獻是非常大的。上人就是一個最好的導師，他帶領越來越多的民眾投入，那股力量是非常堅定而且非常強大的。有什麼力量可以從只有三十個家庭主婦，擴大到現在的慈濟？這一切源自於信仰的本身，再加上信念。慈濟也把臺灣的善心跟善行推廣到全世界，所以不僅是臺灣有志工，世界各地也都有當地的慈濟志工，對當地產生一些貢獻跟影響。

現在的世界已經跟以前不同了，科技的進展一日千里，未來也期許慈濟能夠站在既有的基礎上繼續與時俱進，可以同時造福更多的世人。

## 黃博煒 ／八仙塵爆慈濟長期關懷個案

**我覺得上人的話很有力量，
所以我只是懷着一個感激的心情，
純粹來跟上人說：「謝謝！」**

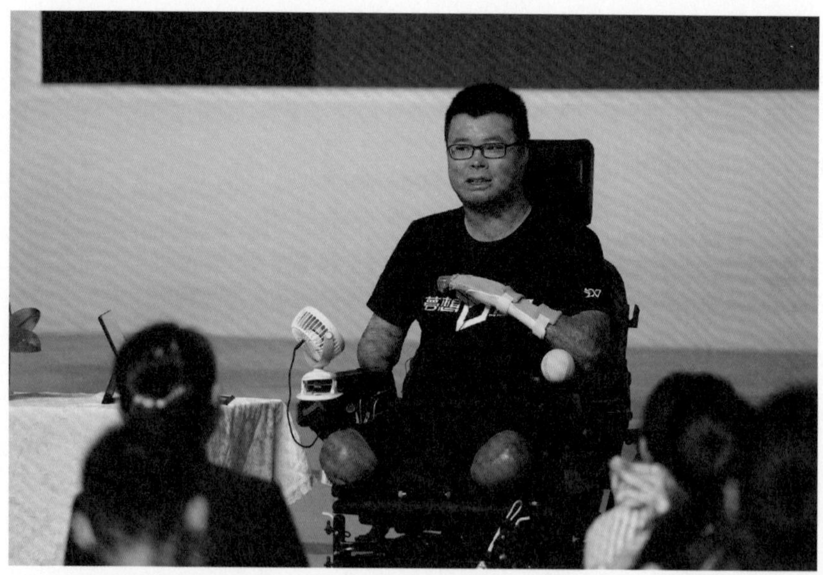

2020 年 10 月 17 日，北區慈濟新芽獎學金頒獎典禮關渡場，名人勵志講座邀請八仙塵爆的生命勇者黃博煒，與現場家長及學子分享失去雙腳及右手後，如何克服困難，活出更好的自己。（攝影／林群傑）

其實我對慈濟最有印象的一件事情是淹水，因為我家是在汐止，汐止很會淹水。那印象深刻是因為，每一次災情過後，慈濟就在我家樓下旁邊一個土地公廟那裡發放便當，或者是發放一些衣物，或者是協助清理路上的一些淤泥等等。其實就會發現第一線的人員，除了阿兵哥在幫忙清掃之外，還有慈濟會發各式各樣的物資給我們。心裡面一直覺得說，每當有災害發生的時候，總是他們會來幫助我們。

後來媽媽有一個朋友也是慈濟人，所以有時候媽媽會帶我們去歲末祝福，那個就是我受傷之前對慈濟的印象。但那時候還在念書，其實不喜歡去參加；那個地方就是相對比較莊嚴，我想對小朋友來說，是一個比較壓抑，沒有那麼自在的場合。

受傷之後，是大家告訴我才知道，原來在加護病房裡面那段期間，慈濟就一直在陪伴我的家人。我覺得很重要，慈濟志工那個時候陪伴在我爸媽身邊，講一些心裡話，他們可能比較能夠得到心裡面的慰藉，因為對每一位傷者的家屬來說，這種時候都不知道要怎麼辦，都有點手足無措。所以那個時候慈濟師姑，就花了很多時間陪伴我的家人，我爸媽得到的幫助也很多。

其實一開始遇到八仙塵爆這場意外，心裡面是不能接受的，因為來得太突然，對我來說那是一個很大的人生轉折。後來自己做截肢這個決定，雖然存活率非常非常地低，但是哪怕只有一點點機會，一點點的希望，我都不想要放棄。可是心裏面會有很多的失落跟難過，因為你從一個正常二十二歲的年輕人，突然變成一個沒有手腳的年輕人，那是不一樣的人生。

所以一開始是很偽裝自己的，就覺得說，大家都認為我很勇敢，我好像就應該要表現很勇敢。所以可能我很難過，但是也不敢讓家人，或是來探訪的慈濟師姑知道。但是後來，我告訴自己說，反正都活下來了，雖然沒有手腳，但是我能花時間練習，一步一步來，到現在已經可以完全獨立生活。

坦白說，有的時候因為大部分的師姑跟我媽媽年紀差不多，可能會唸東唸西，我就會覺得說：「哦！可不可以讓我休息呀？」因為剛出加護病房全身大部分還是傷口，其實來探訪，我都會有點累，因為我那個時候的體力沒有到那麼好，可是又會覺得對方都是出於關心，我不應該拒絕。

一直到後來我開始可以吃東西，剛拔掉鼻胃管的時候，師姑他們就開始煮東西給我吃，然後都會問我：「要吃什麼？喜歡吃什麼？」因為那時候要趕快讓傷口復原，需要大量補充蛋白質，所以每一次來，他們都會帶很豐盛的東西來給我吃，我覺得這是一件很感激跟很辛苦的事情。

我也很謝謝證嚴上人。在我見到上人之前，上人就跟我爸爸、媽媽說：「你不用煩惱，他以後一定可以照顧自己。」

後來我第一次見到上人的時候，其實心裡面沒有太多的想法，但我是很想要感謝上人的。因為上人對我們家的幫助已經很多了，最重要的是對爸媽心裡面的那一個慰藉，我做再多努力可能也比不上上人的一句話。我覺得上人的話很有力量，所以我只是懷著一個感激的心情，純粹來跟上人説謝謝，也跟上人報告我還在持續復健，日後我一定會重新站起來，到時候再走路來看您，等於説對上人許下一個承諾。

我自己受傷這個歷程，從住院到現在已經快六年，受到這麼多慈濟人的幫忙，一直很感恩。慈濟有一個很大的不同，它一直以來都扮演一個角色。因為大部分慈濟人很多都是家庭主婦，他們與人之間的距離，會相對近一點。像我們到陽光基金會，主要目的是復健，他們就會比較專注身體上的部分，心理的部分就要找他們專屬的心理師、社工。有的人喜歡陽光的這些心理師專業的輔導，但有的人就只是想要説説話，比較想要跟慈濟的師姑聊天，因為就像自己的媽媽一樣，比較自在，可以釋放心裡的壓力。

受傷之後，慈濟一直長久陪伴我跟家人，也給我爸媽很多的想法和意見。我其實也更常接觸到身心障礙者，或者是重病的人，或者癌症患者，我會發現其實我不是最慘的那個，我相信慈濟人看到絕對比我更多。希望慈濟可以持續一直不斷這樣幫助人，我覺得慈濟已經做得很好了，所以保持就好了。

# 宋賢儀 / 臺大醫院社會工作室主任<br>中華民國醫務社會工作協會理事

**二十年來，病人有需要的時候，很自然就會想到慈濟。這種大家一起助人，一起思考解決病人的問題，感覺其實是很好的！**

宋賢儀主任於臺大醫院擔任社工師已二十年，期間與慈濟志工相輔相成的合作，讓病人得以受到更好的照顧。（攝影／游濬紘）

2001 年我到臺大醫院擔任一線社工師，前輩社工就交待如果有需要連接外界資源的話，慈濟是一個跟我們合作很久，也很願意幫忙的單位；所以當我接到病人有需求時，就會主動聯繫慈濟的窗口。他們很快就會回覆，告訴我們哪一天來院訪視，很積極地協助個案。

我一直覺得慈濟是很願意提供資源、很有能力的單位。在人的部分，像負責我們醫院的兩位慈濟師姊，二十年來一直都在我們醫院服務，跟大家認識也都蠻久的，我們是很珍惜的。第二個就是資源，像經濟補助上，這麼多年來的幫忙也是一大筆金額。所以有需要的病人，我們會找慈濟來協助，讓我們更有力量幫忙這些有需要的病人。

我記得有一位癌末的中年男子，因為那時候比較年輕，可能跟他互動比較保留。慈濟師姊來了之後，很自然地跟他話家常，問他以前家庭的關係，怎麼現在一個人，然後都沒有任何家人來看他、來照顧他？可能是師姊散發出了讓人覺得很安心的感受，所以那個病人就侃侃而談，聊到以前跟父母的互動，他是迌迌囡仔（臺語，不良少年），有哪些路走錯，現在很後悔……師姊也很自然地分享一些生命哲學的觀點，對那個病人來講也蠻受用的。

我覺得志工跟社工師提供的幫助很不一樣，有時候我們社工師會比較多顧慮，不大會主動分享自己的人生觀點，會比較多觀察跟傾聽。因為很多病人可能過去跟家庭的互動有一些狀況，所以我們社工師會盡量不去揭露自己的價值觀，這很可能被受幫助的人解讀為——你就是之前不負責任，所以現在沒人要管你，沒人要照顧你；慈濟師姊會比較直覺地去分享，這個部分有利有弊。

因為兩位師姊來我們醫院已經二十年以上了，本身也在擔任我們醫院的志工，所以對我們醫院、對於病人的情形、家屬的情形，還有社工師工作的情形都算是很了解。他們每一個個案都有機會跟我們社工師互相交流一些觀點，一些想法；二十年來，這麼久的幫忙，病人有需要的時候，我們也很自然就會想到他們，我們就會請他們來幫忙。這種大家一起助人，互相了解、互相幫忙，一起思考怎麼解決病人的問題，像細水長流、源遠流長的感覺，其實是很好的。

還有在 SARS 期間，病人是被隔離的，跟平常個案服務的狀況比較不一樣。我記得慈濟很快動員，就是送關懷包到醫院來；關懷包裡有餅乾、盥洗用具，或是一本《靜思語》，我們就送去給當時被隔離的病人使用。所以我想慈濟的動作、彈性是很快的，當疫情來的時候，大家還在想說怎麼樣突破這個隔離的困境，可以去接觸的時候，其實那關懷包的方式就還蠻不錯的。

我想要分享一個小故事：有一個人，他經過河邊看到一個小嬰兒從上游被丟下來，他趕緊把那個嬰兒救上來，然後就好好地照顧他；不久他又發現有一個嬰兒被丟下來，就找了一群人來救這每一個被丟到河裏的嬰兒，救著救著，也做得很好，每個都救上來了。大家就開始想為什麼一直有小嬰兒，隨着河水流水下來？就想從上游去找出那個小嬰兒掉到河裡的原因。

所以對慈濟的期許，我覺得如果可以往上游去，在社區裡生根，讓弱勢的家庭有機會透過社區裡的慈濟人的幫忙，讓他們更有機會，而不是落入哪個社會安全網下面，然後我們再來救助；因為我覺得慈濟的力量很大，真的可以往這個上游的部分去發揮更大的影響力！

## 江秀茹 / 慈濟長期照顧站照顧服務員

希望慈濟的長照，
能夠在杉林大愛長長久久，
因為有好多、好多的長輩需要照顧！

高雄杉林大愛園區原民區永久屋鳥瞰，照片中村落左後方建築物為慈濟基金會協助援建之基督復臨安息日會杉林重生教會。（攝影／劉森雲）

1996 年的賀伯颱風，有看到慈濟志工去那瑪夏鄉送物資，剛開始還不知道慈濟，在電視上看到證嚴上人在開示，才知道有這個團體。後來因為 2009 年八八（莫拉克）風災的關係，慈濟幫我們蓋了永久屋，我們就從那瑪夏，就是南沙魯村，學校下面的房子搬到杉林慈濟大愛園區這邊，那是我第一次接觸到慈濟，那麼多人來關懷我們，幫我們重建家園。

對慈濟的印象是不管哪邊有災難都有慈濟人的身影，一定會有他們的手去幫助所有需要被幫助的人，家屬都會感受到慈濟的關懷跟非常大的愛，讓他們都不會覺得很孤單、很難過。慈濟人這十一年以來，一直在大愛園區裡面穿梭，永遠都看到藍天白雲的制服，在每一家、每一戶去做關懷的動作，也去關心耆老一直到現在，對慈濟非常地感恩，也非常感謝。

我在那瑪夏的時候就是診所的護理人員，長期以來一直與社區的人一直有密切的互動，跟大家都很熟。入住杉林大愛園區後，我在重建中心工作三年，陪伴鄉親。八八風災沖走我們的家，慈濟幫我們打造了新的家園；也發現了自己的渺小，沒有力量去打造自己的家園；也感謝慈濟社服組在杉林大愛村生活重建中心的鼓勵，一直關懷陪伴我們。我在社區裡去陪伴、關懷和服務自己家鄉的人，盡我一己的力量去貢獻，去經營家園；看著自己家鄉的族人，從沒落到失去，一直到後來振作起來的身影，覺得很開心！

我一路上陪著族人，在大愛園區十幾年裡面，也完成自己的終身大事；十年後，我又重新加入慈濟這個大家庭，進入居家長照機構來照顧長者，每天看到長者燦爛的笑容，就覺得自己很有價值，不管多累，只要看到他們的笑容，就好開心，好開心！

對慈濟真的是只有無限的感恩跟感謝，讓我們在這邊可以安身立命，也祝福上人法體安康！也希望慈濟的長照能夠在杉林大愛長長久久，因為有好多、好多的長輩需要照顧！

## 李孟慧 / 慈濟長期照顧站照顧服務員

**希望慈濟能持續做下去，**
**那些躲在角落沒有被人關心到的，**
**如果沒有慈濟人的關心，這些人真的會很可憐！**

杉林大愛園區慈濟長期照顧站，裡面被照顧的長者、聘用的照服員，都是2009年莫拉克風災時遷來大愛村的受災鄉親，一來增加當地就業機會，二來聘用社區的照服員，也更能發揮社區親鄉互幫的親切感，更能貼近社區長者在地的需求。（攝影／唐江湖）

2009 年八八（莫拉克）風災過後，我們當地的收容所在工兵學校，那時候看到很多慈濟人；重建家園的時候，也看到在未來的家園那裡有很多慈濟人。當時大家的心情都不是很好，甚至是氣憤的，因為一下子沒有家，搬來這裡有種種的不適應，大家很火爆，都很生氣，可是慈濟師姑們都很有耐心地陪伴我們，很有耐心地跟我們講：「沒關係，我們重來而已。」

我們的那瑪夏族人也會害怕，會不會因為這樣而自己的信仰被影響，但是並沒有，慈濟師姑們只是跟我們講說：「不要抽煙，不要喝酒！」是為了我們身體好，慈濟人很有愛心、很有耐心，對待我們真的有很大的包容力。

以前大家都是務農，剛從那瑪夏搬來杉林大愛園區的時候，大家都沒有工作，就算要工作也沒有，後來慈濟就針對原住民產業的課程，和職訓局開設一些手工藝的班，這個時候我剛好有陪伴我的媽媽和阿姨們，他們因為慈濟開這個班以後，而學了一定的技術，然後慈發處（慈濟基金會慈善志業發展處）那裡也設立了一些協會，和一些民間團體在園區承租場地，讓我們自己做老闆。

媽媽和阿姨們融合自己的想法，把商品做出來；商品做出來之後，苦於沒有人進來看，這些東西賣不出去，感謝慈濟人帶這些漂亮的商品到北、中、南去巡迴推展，把我們的商品推展出去，可以賣出去，有一點錢可以生活，讓我們可以生存。在這十幾年期間，（幫忙的團體）大家都走了，可是其實慈濟人沒有走，還都留下來陪著；偶爾我放假在家裡，還是會看到慈濟人走路去拜訪、關心每個耆老，雖然人變少了，可是一樣持續關懷。

我是學護理的，雖然離開護理職場有一段時間，一年前，因緣際會下，又是慈濟人找到了我，問我願不願意做長照這一塊？我想長照是一個關於老人的工作，應該還不錯，可以挑戰，就加入了這個體系，這段時間也上了一些課，才了解老人真的很需要被照顧。目前我很熱愛這份工作，不知怎麼言喻，就是感謝慈濟引進我加入這個慈濟的長照團體。

我希望證嚴上人能健健康康，也希望他真的要保重身體，希望慈濟能持續做下去，那些很弱勢，躲在角落沒有被人關心到的，如果真的沒有慈濟人的關心，這些人真的會很可憐。我本身也是慈濟照顧我們到現在，所以我希望慈濟人能繼續存在，祝福他們，感謝所有的慈濟師姑和師伯們，曾經的幫助！

## 許詩瑋 / 前創世基金會基隆分院院長 清福養老院機構長

**他們的洗牙方式跟一般的不太一樣，**
**這是我看過最大陣仗的洗牙，我很震撼！**
**幾乎是把整個牙科診所搬進來。**

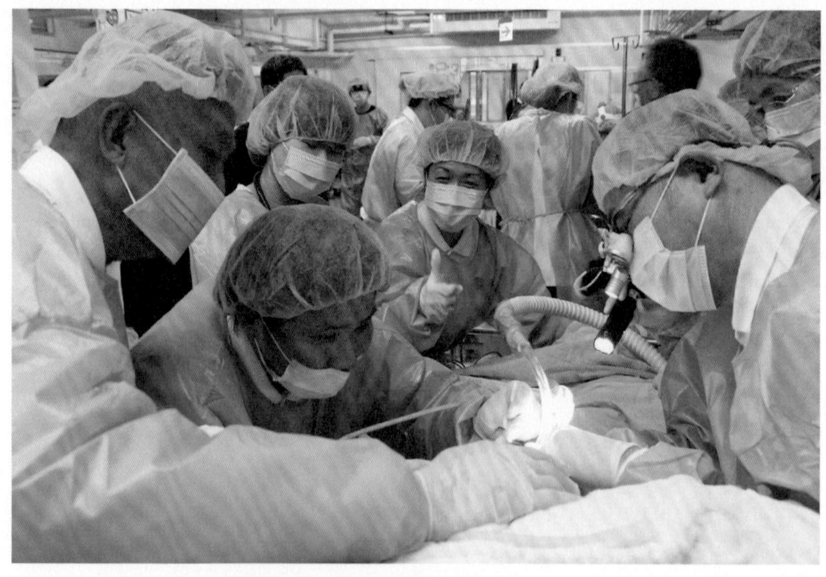

2018 年 4 月 15 日，北區慈濟人醫會前往創世基金會基隆分院舉辦植物人牙科義診，陣容龐大。邱鴻基醫師（左一）叮嚀醫護人員診療時要細心維護院友生命安全；同時，邱淑真護理師（中）豎起大拇指鼓勵院友安心洗牙。（攝影／駱鴻隆）

以整個創世體系來講，最早接觸慈濟人醫會的其實不是基隆，而是臺中分院。基隆離臺北很近，可是它又算偏鄉，因為它的一些資源其實沒有那麼發達，加上我們並沒有經費去請牙醫師進來，所以我們想要洗牙，只能義診，但義診團體的資源不是那麼好找。

也因為我服務的個案是屬於植物人個案，他們比較算是弱勢，因為他可能痛了，或者是可能不小心在洗牙過程中受傷了，他表達不出來，所以一直被排除在身心障礙者的洗牙活動外面。包含有專門在做身心障礙牙科的，都不太能夠接受。

我開始接觸到慈濟是 2016 年，人醫會第一次來基隆分院洗牙。我原本以為只是一般的義診或者是洗牙，基本上應該就是醫生帶著機器進來，然後對我們的個案進行口腔檢查，可能頂多塗塗氟之類的。因為我以往看過的方式是一個早上，五、六十個個案去巡一巡，可能一、兩個小時就結束了；後來，跟慈濟人醫會的邱鴻基醫師在接洽的過程中，我們通了好幾次電話，他來現場看了好幾次，然後開始跟我討論管線要怎麼跑？要架多少張床、多少儀器？我才發現人醫會比我想像的，更重視這件事情。

他們的洗牙方式跟一般的不太一樣，這是我看過最大陣仗的洗牙，我很震撼！幾乎是把整個牙科診所搬進來。邱醫師跟我說：「沒關係！他們走不出去，那我們走進來。」

這個部份，很深地打動我。洗牙的話，我的個案是六十位，通常我的印象，了不起來的醫生可能就兩、三個，一個醫生再搭配個兩、三個來幫忙的志工；可是那一次來了一百二十個，等於兩個人服務一個個案，這跟我想像的真的差距很大。

我自己進入社福機構，才發現其實要動員這麼多的志工，不是那麼簡單的事情，而且志工都還是無償的，那要有多大的一個凝聚力，才有辦法動員到這些人？其實真的是需要一個很強大的信仰，才有辦法完成這樣一件事情。

洗牙這件事來講，來的志工也不全部都是醫療背景；可能是做水電的，他就變成水電組的志工，負責架管線；有一些志工阿姨就跟我講：「我什麼都不會做，不然我在旁邊陪他」；因為我的個案可能會很緊張，在檢查的過程中，有志工在旁邊陪陪他、講講話，光是陪伴就可以讓個案整個放心、安心跟放鬆不少。我發現大家自己能做的都是一點點，可是很多人集結起來可以做的，就是很大的一件事。我覺得慈濟是臺灣一個很重要的存在。

我記得邱醫師有次分享他洗牙的時候，他以為：「完了，把牙齒洗掉了！」結果後來才發現洗掉不是牙齒，是一顆長得跟牙齒一樣大的結石；剛好他洗的那位個案，在基隆分院住了十一年，開院時進來，等於他十一年都沒有洗過牙。有幾個個案也恢復的不錯，洗完牙之後，他們會笑了，讓我們發現說，只是把牙洗乾淨而已，他們卻可以笑得這麼開心。邱醫師就覺得說：「有時候不是我們給予，反而是得到。」我覺得就是一種正向的交流。

我身邊也有同事的小朋友，因為不幸罹病了，要找骨髓配對。剛開始要做配對時，當下大家的情緒都是很焦躁的，大概將近一個多禮拜，我同事一滴眼淚都沒掉，然後慈濟師姊一過來，直接給她一個擁抱，直到那一刻，她就整個嚎啕大哭，我們大家也都沒有想到，媽媽自己承受壓力最大。她說還好有慈濟的存在，不然的話，很難有這麼大的骨髓庫可以去做配對。那個擁抱，給我蠻大的震撼，讓我還是蠻感動的。

所以我覺得慈濟對臺灣的民眾來講，不管是信仰、不管是志工活動，都是一個很重要的存在，是有穩定大家心情的一個存在。當真的有事的時候，會發現就在角落裡，有一群穿著藍色衣服的志工，在默默地提供協助。

希望慈濟能夠有下一個、再下下一個五十五年！希望慈濟也可以發展得越來越好，然後在慈善這一塊發展得越來越多，讓更多弱勢團體、一些弱勢家庭可以得到更多的幫忙。如果說邊緣型家庭，還有弱勢的人越來越少，整個臺灣越來越發展、越來越穩定；我們可以生活在一個穩定的家園，才是最好的事情。

張 自 / 台灣盲人重建院院長
前臺北市立啟明學校校長

**其實陪伴中途失明的朋友這一塊，
我覺得慈濟師兄、師姊貢獻非常大！**

2019 年 8 月 8 日，台灣盲人重建院視障學員在慈濟志工及盲人重建院工作人員陪同下，出發練習搭乘公車，進行校外教學。這是慈濟志工定期關懷台灣盲人重建院視障者的服務事項之一。（攝影／蕭耀華）

我記得 2008 年剛來盲人重建院的時候，真的是百廢待興，評鑑不好，環境也沒有整理好，因為視障朋友看不清楚，沒有辦法自己打掃得很乾淨，比較高的地方又很危險。那時候我就聽說有一群慈濟的師兄、師姊來幫我們打掃，就把環境整理乾淨。後來我才知道，董事裡面的曾媽媽，她是慈濟人，她先生也是慈濟人，所以她就把慈濟服務的精神、無私奉獻的精神，還有團隊帶進來，幫忙把環境做一個整理，所以慈濟跟我們淵源有十幾年了。

最近我們改建原來的宿舍，那「惠心樓」建好之後是新的宿舍，三月就要開課，那時候我們的寢室都還沒布置好，寢具都還沒搬過來，可是以我們的人，如果要去搬其實我們都是小女生，也沒有工具什麼都不會，時間上也來不及，我們就趕快打電話給慈濟的黃正賢師兄，然後他們就說來看一下，說：「好!」，就問說：「有什麼工具？」我們說：「沒有！」他說：「沒關係，我們帶來！」

那天下大雨，他們發動三十幾個人，還非常地貼心地帶很多塑膠布來蓋著，讓它不要淋雨。從停車場搬到我們的宿舍，師兄就幫忙搬、拆、組合啊!師姊就拿個抹布到處擦得乾乾淨淨，然後第二天我們的學生就來報到入住了。而且那一天其實他們下午有會議，早上就趕來幫忙，全部都做好，然後趕去開會。我的印象非常深刻，一輩子都不會忘記，那種效率還有貼心，真的是永遠無法忘記！

中途失明的朋友最大的困難是不能夠接受自己是視障者，心理的調適非常的困難，而且如果他在家裡的時候啊，都以為只有自己是最倒楣的，「為什麼我在四十歲、五十歲或者三十歲時，突然看不見了？」好像自己是最不幸的人，心裡還是沒有辦法調適。

慈濟的師兄、師姊會利用晚上自習的時間來做生命教育，他們有的是身障者或是有其他的毛病，他們把自己走出來的過程來分享，這對於視障朋友來講是很大的震撼；分享之後還會引導他們去自我探索，燃起那個希望，讓他們在重建中走得更平穩、更堅定。都有校友回來說：「我好感謝慈濟師兄、師姊來演講，讓我感覺我不是最糟的，我還是很有希望的。」

為了讓失明者重建以後可以回歸社會，我們在訓練的過程就會安排活動，讓他們去參與，讓他們知道社會上是在做什麼？我們都有安排去參觀新莊廟街啦、故宮啦！故宮有可以讓視障者觸摸的體驗區，師兄、師姊也會陪著他們去，因為大家都是好朋友了，所以他們就會聊起自己心裡的話，在這樣的談話中，他看到自己的優勢，然後慢慢地覺得自己可以。在這裡面其實陪伴我們中途失明的朋友這一塊，我是覺得師兄、師姊貢獻非常大！

另外，最主要的還是希望他們能夠有一技之長，回到社會去；他們失明之後，最迫切的是家裡沒有人賺錢，而家人卻要照顧我，怎麼辦？所以其實多數視障的朋友，第一件事都想，我消失最好，因為我消失了，家人不用再照顧我，就可以去工作。當時創辦人曾文雄老院長看到這個現象，就對所有來受訓的，都不收費，讓他們在最困難的時候可以安心來受訓，這已經傳承快七十年了。

其實我們的經費是很有困難的，政府補助老師的鐘點費，其他我們完全都要靠募款，這筆錢非常的大，比政府補助的鐘點費還要多。當時我們就去跟師兄講我們這個困難，後來慈濟已經好幾年都支持我們這一塊，讓我們在職業訓練跟生活重建並重之下，視障者可以安穩地就業。

我們也有個案，因為遺傳，他和家人都是癱瘓的，因為有房子就申請不到低收入的政府補助，這個時候師兄、師姊就會去幫忙打掃家裡，還幫忙照顧，讓他們有喘息的空間；只要看到我們學員的需求，看到家庭的需求，只要我們求助，慈濟師兄、師姊都會支援我們，其實慈濟的團隊是非常、非常地了不起，每一次我看到哪裡有困難，慈濟人都是站在第一線，這是我覺得非常敬佩的！

在五十五周年，祝福慈濟的整個業務發展更順利，然後每一個人都很健康，他們才能夠去幫我們做更多的關懷；因為全臺灣地區需要關懷的人還是不少，慈濟人散布在各個地方，而且同樣都有一顆非常熱誠的心，只要他們去關懷訪視，就可以發現到需要幫忙的人，然後連結資源翻轉他們的人生。

我覺得說在這樣的愛心支持下，我們走下去比較有勇氣，如果沒有這些人來，這些經費進來的話，我們沒有辦法做那麼多的！

## 王綠琳 / 新北市瑞芳國中校長

**慈濟志工奉獻時間、心力、勞力，關注偏鄉的教育，
大家都是願意歡喜來做，感動到親、師、生，
這是一個福德很遠大的事情！**

北區慈濟人醫會借用新北市瑞芳國中場地安排大型義診，長年全方位照顧偏遠地區的鄉親。（攝影／邱紹勝）

我們學校曾遭象神、納莉颱風侵襲，學校的地基被沖刷，有三間教室凹凸不平、傾斜，那時候慈濟有來幫忙。後來我才知道，剛開始要申請是不被看好的，因為只有教室全倒跟半倒才可以申請，而這個還沒有倒；不過慈濟師姊說，總是危險的教室，還是去申請看看。後來聽說在地的慈濟師兄、師姊有來詢問我們的警衛：「是否真的有三間教室需要幫忙？」然後也問說：「這個校長有沒有認真？」那後來呢，就是現在已經建設好的慈濟大愛教室。

慈濟就是，臺灣話叫作「頂真」（認真），跟我們討論怎麼整建教室，除了尊重校方的設計以外，也和我們討論怎樣能夠充分善用經費，將它發揮最大的效應，也感謝所有捐助的貴人。這是與慈濟的第一個接觸。

後來我在臉書看到，慈濟會到偏遠貧困地區巡迴義診，可能這個月在某個地方，下個月就在另一個地方。既然是服務在地，我覺得我們學校也可以提供場地，可以來深耕社區，讓瑞芳人知道，只要是慈濟義診就可以安心到某個據點。於是我就跟慈濟提出，在瑞芳國中這邊義診的話，場地夠大，停車也方便，也有身障廁所，在地的新峰里黃茂峻里長也覺得很好，慈濟人醫會，還有慈濟志工都覺得很好，那我也覺得很好，所以就有固定的地方可以義診。從 2016 年 10 月開始，也已經五年多了，這是第二個接觸。

第三個接觸就是「大愛媽媽」。他們長期跟我們輔導處合作，透過生命教育的講座，他們會來講故事，這些故事都很在地化跟國際化。雖然現在一零八課綱很多東西想學，但我們還是守住這個，慈濟的大愛媽媽的生命教育，我們要將它列入例行性的一個活動，所以很感謝。

第四個接觸的話就是「靜思閱讀書軒」。我到深坑去研習的時候，看見深坑國中他們有這樣的教室，我們覺得是否也可以有一間？所以那時候提出來，我們在地慈濟人就說，這需要很大一筆經費，後來我才發現慈濟、或者一些貴人，甚至是我們瑞中的校友，都有幫忙，我覺得很感動。現在書軒除了閱讀或是開會使用，我們也請三代同堂的「弦琴逸致弦樂團」，他們願意義務來指導，也把他們練習的二手琴無償提供給我們使用，讓每一個孩子來到瑞芳國中學習，希望透過這個基地，推動閱讀、也推動藝術深耕，讓學校有閱讀香，也有音樂香。

每一次接觸到慈濟人的時候，他們都是非常細心，很細膩地去幫助學校，讓師生感受到慈濟人奉獻時間、奉獻心力、奉獻勞力、關注偏鄉的教育，大家都是願意歡喜來做，其實這個會感動到我們學校親、師、生，這是一個福德很遠大的事情！

我也很期待慈濟「環境教育的入校分享」這個很重要，就是說從教育或者救災、科技、愛心的奉獻，還有就是信仰的教育，其實都做得很好，而且已經是全世界公認的環保，尤其這次的新冠肺炎推動蔬食，每一個活動都是讓人非常地感動，我回來都會分享。希望未來能夠邀請慈濟志工進來入班，然後讓孩子們能夠去學習。

很多人會說，為甚麼會那麼多，不管是平民百姓或是知識份子都願意無私地投入？是因為當初證嚴上人一個很單純的初心，從五毛錢開始，慈濟可以這五十五來一直走，還是有那麼多人一直進來，就是說他是一個「真心」，會讓我們的老百姓、世界各國的友人都會感動。這個「真」裡面有善、也有不良，那不良你們會去持續地精進，會改進。

所以我身為一個學校人也是一樣，這叫「致善」不會止於至善，而是一直精緻、精緻、再精緻。也祝福慈濟的會務能夠蒸蒸日上，而且擴及到全世界。希望每一個人就是很真、很善、很美，用這個良性的視野，讓別人知道我們的良善。我們佛教或者是基督、天主、伊斯蘭，大家一起來融合，了解各個信仰的美善，一起和平相處，世界和平其實是需要信仰的。

安穩家園 美善社區

## 鄭鵬豊 ／彰化縣芳苑鄉漢寶村村長

**慈濟深入社區扶助，發現急需介入照顧的弱勢個案，便給予經常性的救助和關心，彌補公部門因為礙於法規無法立即協助的不足處。**

慈濟推動「安穩家園、美善社區」居家安全改善服務計畫，在全臺灣與各縣市政府合作進行，協助社區獨居長者、身障及弱勢家庭修繕及居家安全改善，打造安居環境，預防意外發生。圖為獨居在臺中偏遠山區的徐玉秀阿嬤（中），陋屋老舊，蟲蛇相伴當鄰居，不但上廁所要走一大段路，屋頂也漏水，慈濟志工展開三個多月的修繕工程，將廁所移到屋旁、整修屋頂、更換老舊電線，修繕工程圓滿後，2020 年 9 月 4 日慈濟志工一起為徐阿嬤歡喜慶祝入厝。（攝影／簡明安）

我接觸慈濟的因緣來自於鹿港的張玉娟師姊，我們認識近三十年，時常互動，她受證成為慈濟委員後，讓我對於慈濟這個團體更加熟悉。七、八年前，彰化慈濟籃球隊剛成立時，念國小四年級的兒子加入慈籃，我因此認識更多的慈濟人，所以知道慈濟志工聞聲救苦的菩薩精神，哪邊有苦難就能看到藍天白雲的身影，讓我感動又感恩。

我和慈濟合作接觸的經驗有四項，第一項的合作是漢寶淨灘活動的發起。2017 年前因為颱風過境，和臺灣玻璃館董事長林肇睢先生閒聊，提到漢寶六十公里長的海岸線非常髒亂，不知道如何處理？林董事長提議由護聖宮文教基金會贊助經費，辦理研習和講座，負責環境維護的宣導；我發起淨灘活動。

而因緣巧合，彰化慈濟青少年成長班和慈濟籃球隊的隊輔，正在規劃找地方讓學員學習淨灘，家鄉的海岸線最近，是最適合的地區，慈濟志工學員和地方人士也非常踴躍參與，來了一千多人。

林董事長知道慈濟人吃素，也很支持：「吃素是愛護身體，淨灘是愛護海洋。」就由無極混元文樞院道場提供素食餐飲，與所有參與淨灘的民眾共襄盛舉。也因為慈濟人每年都參與淨灘活動，新聞畫面被政府公部門看見了，非常重視。2020 年起，中央行政院跨部會協調認養，每年都編列經費來維護海岸線的生態環境，這是慈濟共善的效應，非常感恩。

第二項的合作事項就是慈濟的「安美專案」。2020年，我和慈濟志工張玉娟師姊聊天時，她提到慈濟在推動全國性的「安穩家園、美善社區」計畫，其中針對六十五歲以上獨居長者及身障者，提供社區修繕為主的服務，如加裝無障礙設施，或是修繕、汰換老舊傢俱。

我們漢寶村是一個臨海的村落，幅員廣大，人口近四千人，六十五歲以上的長者約佔總人口數的15%，是一個典型的老人化社區，因為年輕人都外出工作，因此社區裡的老人幾乎都是獨居，或是有人把小孩留給阿公、阿嬤照顧，隔代教養的家庭也變多了。而且在鄉下地區，大家對於風險評估的觀念比較欠缺，再來鄉下人也比較省，可能是捨不得讓孩子花錢，許多人家裡沒有安裝扶手等安全措施，所以時有聽聞長者跌倒意外。但是一個老人跌倒，家庭成本要付出多少？社會成本也要負擔多少？

既然安美計畫是落實社區的活動，我隨口問了一句：「那麼，可以到漢寶推動嗎？」芳苑王功的訪視窗口林財得師兄便主動與我聯繫，叫我先詢問與提報名單。慈濟彰化分會的社工和眾多師兄姊，又親自規畫安美家園說明會與行前共識會，讓我們的村民了解居家安全修繕的意義，接著安排路線、家訪場勘、評估施作，到最後完工驗收。

過去大家對慈濟的印象，大概都停留在天災來臨時，會看到慈濟人的身影，大家不知道，慈濟也會深入社區扶助。

而且在訪視過程中，又發現急需介入照顧的弱勢個案，他們便給予經常性的救助和關心，彌補公部門因為礙於法規無法立即協助的不足處，非常細膩、貼心與親切。

我和慈濟志工結緣的第三項經驗，是關於弱勢家庭的濟助與環境的打掃。每次提報村民的需求，慈濟志工一定親自來了解，雖然有些事情牽涉到法令無法幫忙，但至少幫忙打掃環境整潔，讓案家安頓下來，不至於感到絕望而想不開。

第四項就是安心就學補助，協助單親家庭的孩子繳納學習費用，讓孩子可以安心就學。事實上，有些家庭沒有收入或是家長出狀況，但是有祖先留下來的房子，因此依據公部門的門檻標準，達不到申請救助的條件，慈濟就在這時伸出援手，真的很適時，也很彈性。

從一次又一次的合作接觸，我了解到慈濟有所謂的四大志業：慈善、醫療、教育、人文，我們漢寶村有如此福報，真的很感恩。感恩慈濟人協助改善村內長者的居住安全，也感恩師兄、師姊平常服務村內弱勢民眾。慈濟這麼多年對於社會帶來許多幫助，大家都看得到，我也在此祝福全球的慈濟人都平安吉祥。

「以茶代酒」推廣

## 呂必賢 / 花蓮縣卓溪鄉鄉長

**我想慈濟來就像傳福音一樣，**
**也像以前的馬偕博士一樣，到每一個部落來宣講，**
**心心念念要把我們原住民的健康把它帶起來。**

由卓溪鄉公所與慈濟慈善基金會主辦的「以茶代酒 · 健康促進」感恩會，2019 年 12 月 28 日在卓溪國小辦理，現場表揚十一位戒酒成功的茶友，並感謝推動茶友會的志工，八個部落結合戒酒議題，用舞蹈、傳統文化演繹「以茶代酒」的好處。卓溪鄉長呂必賢（左三）致詞感謝慈濟基金會。（攝影／鄭可欣）

當了鄉長以後，發現我們鄉下太多人死掉，很多都是年輕人。一問之下，因為喝酒！所以我想要在每一個部落裡面推不喝酒運動，因為健康真的很重要，很多原住民短命，或者是意外死亡，都是跟酒有關係，甚至於家庭破碎，也是喝酒的問題。

那不喝酒，喝什麼？剛好慈濟有一個以茶代酒的活動，並表示可以提供茶，於是就在各部落裡面設了一些點，剛開始沒有很多人參加，現在愈來愈多了。慈濟也都非常期待，一定要把喝酒的習慣改掉。這不容易，因為這是一個長期以來的習慣，但是我們可以先救多少人，就救多少人。

那發現不喝酒以後，社區會比較有禮貌，有一些語言、暴力，都比較少了。因為喝酒一定是會吵架的嘛！很奇怪，如果一喝酒，那邊很大聲，就知道有人在喝酒啦！所以現在這個慢慢減少，減少以後就是變成說，不喝酒的人愈來愈多，所以只要看到喝酒的，大家會告訴他，會來勸導，我們非常高興。

而且我到各部落去，發現他們家裡面都有慈濟送的茶。我問說：「這是誰的茶？」「慈濟的！」「那不夠怎麼辦？」他說：「每個月都有補充。」慈濟真的是無限量地供應我們茶，辦年終茶友會的時候，慈濟會送他們獎勵呀！送毯子、送物資，這個對他們來講，都是很大的肯定。

我想慈濟來就像傳福音一樣，把這麼好的福音傳給大家，也像以前的馬偕博士一樣，到每一個部落來宣講，心心念念要把我們原住民的健康把它帶起來。我要繼續推，然後希望接我棒的人，也都能夠繼續，不要半途而廢。

部落裡面的老人家，也會影響這個部落的下一代。孩子從小就是跟著父母親一起融入喝酒的行為，如果父母脫離喝酒的習慣，孩子也就沒有辦法學；那部落的老人家也是一樣，一定要發揮長者的風範，因為不喝酒，就會有愛來照顧部落的孩子；如果會喝酒，他所表現的就是瘋子一樣，而且也沒有智慧。部落的成長就是老的做了榜樣，父母親也做好的榜樣，部落的孩子也一個、一個變正向的發展，所以很重要。

慈濟五十五周年，這是一個漫長的日子，所種下的樹，應該都已經長大成林了。我覺得慈濟就是付出，都是愛；都是為別人著想的，去解除、改善別人的困難，而且都是無私、無我的奉獻；沒有代價、沒有酬勞，他們都願意這樣做。所以我們一定要學慈濟精神，在每一個部落的婦女都站出來，去發揮個人的責任，我們可以做，就盡量做。

「以茶代酒」推廣

## 黃嘉琳 ／花蓮縣萬榮鄉衛生所部落健康營造員

慈濟來做這個「以茶代酒」之後，
族人就真的能夠深刻體會到酒癮跟健康的關係，
他們都會問：「慈濟甚麼時候會再來？」

慈濟基金會舉辦「茶香話社區」活動，慈濟志工準備茶包與鄉親結緣，藉以推動「以茶代酒」，營造健康部落。（攝影／楊怡寧）

其實我在萬榮推動「節制飲酒」已經兩、三年了，2020年聽到慈濟有推「以茶代酒」的活動，所以我就想，何不跟慈濟合作，也讓社區有一個事半功倍的效果。

之前我們衛生所自己推的時候，遇到很多的瓶頸，因為大家會覺得，這只是我們衛生所的一個活動；而且我自己住在部落，其實我們自己的家人也是會有酗酒的情況，所以在推的時候，可能部落的人會覺得比較沒有說服力。

但是慈濟基金會呂芳川主任他們來做這個「以茶代酒」之後，族人就真的能夠深刻體會到酒癮跟健康的關係；他們每隔三個月會來，我每個月在部落宣導的時候，他們就都會問：「慈濟甚麼時候會來？」「他們不是還要再辦一次座談會嗎？」我就會說：「會會會，他們會來！」

因為我是在社區裡面長大的，所以每一次的「以茶代酒」活動之後，社區的民眾都會很期待慈濟再來，而且我們十二個戒酒的關懷個案，目前有六成都有完成戒酒，還有節制飲酒的目標，甚至其中有三個個案，會陪我到部落裡面去巡迴，然後分享他戒酒之後的心得和感想，或是做我們健康營造的代言人。我覺得這是有蠻大的效果。

慈善農業推廣

# 黃榮輝 / 花蓮縣豐濱國中退休校長

**族人對慈濟呢，他們不會表達啦！**
**只會講「漂亮感動」，只會講這四個字，**
**他們表達內心的話就是這樣子！**

由花蓮縣豐濱鄉公所、花蓮縣光豐農會協辦，慈濟基金會輔導辦理的「花蓮縣豐濱鄉雜糧產銷班」，以友善耕作、自然農法的方式，結合慈善與農業，帶動當地產業經濟與社區發展。（照片提供／慈濟基金會）

如果說花蓮是臺灣的後山的話，那我們豐濱就是花蓮的後山，可以看到我們現在的豐濱，不管是交通，或者是經濟、教育、生活環境，都是處於劣勢的一個地方。我們為什麼會種植印加果？因為我曾在豐濱國中服務，有一次做了學生家庭環境的訪查，結果發現有高達百分之八十五左右的是屬於弱勢家庭的子女；弱勢家庭有可能是父親或是母親去世，或是雙親離婚、單親家庭、隔代教養，還有低收入戶弱勢家庭的子女，整個加總起來有八成之多，這是個驚人的統計數字。

我們豐濱鄉早期的人口有一萬五千多人，而根據戶政事務所 2020 年 11 月的統計資料，只剩下四千三百八十八人，可見我們這邊人口外流相當嚴重，總歸一句就是我們這邊的經濟環境，條件非常惡劣、非常差。留下來的都是老弱婦孺，這些班員幾乎都是老人家，這些老人家，男的呢？都是從事傳統狩獵，到海邊去捕捉鰻苗，至少可以補貼家用；那麼女生呢？這些老婦呢? 就到海邊去撿拾海菜，這樣一個他們求生的環境。

看了這狀況，我非常地心痛。我每次來來往往，看到整個花蓮的沿海地區，過去種水稻的土地幾乎都荒廢了，我就思考著如何善用這荒廢的土地？如何來種植有高經濟價值作物？如何來生產，來改善我們的生計？如何來改善我們這邊的環境？

在因緣之下，我們就認識了（慈濟基金會慈善志業發展處）呂芳川主任，起初會懷疑：「找呂主任就會解決我們的問題嗎？」我就是在那邊非常地懊惱和憂慮啦！我沒想到，呂主任真的就非常爽朗地答應，他說：「明天您就到慈濟靜思精舍來。」於是，第二天我就帶著我的太太去到慈濟精舍，呂主任用簡報的方式，來說明他未來的規劃，來改善我們這個比較弱勢的環境，那時候說可能會有一點機會這樣子。我真的是嚇一跳，我真的是受寵若驚！

所以我們真的是非常感謝慈濟，呂主任就用那個友善耕作跟自然農法的理念，然後我們就開始做，種植高經濟作物——印加果。起初我把這樣的消息告訴我的族人的時候，他們都說不可能，因為過去曾經種過波蘿蜜、咖啡、梧桐樹啦！大家一窩蜂地去購買那些株苗來種，結果都長大了，有收穫了，卻都沒有人買；所以說當我把這樣的訊息傳達給我們的族人的時候，他們幾乎都說不可能。

那呂主任溫文儒雅，為人非常地誠懇，每次講話都是滿面笑容，族人看到之後就說有點那種信心；我召集了五、六個人，我就說：「我們試試看吧，我們種種看吧！」大概我是學校老師，他們還是有點相信，我們就開始慢慢地種。於是從那個運苗、到收成、到銷售，慈濟就提供我們很多的人力、物力，還有財力，輔導我們、指導我們，單單從物力方面就提供我們那個耕耘機、還有鋼筋的支架，這都是慈濟提供給我們的，那在人力方面他們還央請東華大學的顏教授（樸門永續設計協會顏嘉成），來指導我們做土壤的檢測、有機土質的改善、甚至蟲害、寒害和動物的破壞，如何做好防範被破壞，顏老師都這樣子一一地輔導我們。

最重要的是銷售的問題，呂主任還請慈濟大學的邱奕儒教授，詳細地指導我們有機產品、商標，還有通路，市場的銷售等概念，我們就這樣做到一個程度的時候，我們的信心就這樣慢慢地增強，我們的組員就愈來愈多。最感動的就是主任還特地跑來我們的豐濱鄉公所拜會我們的鄉長，也協助我們去拜會光豐農會，於是我們就成立了「印加果」的產銷班，起初的人數是只有十二位，現在已經高達二十八位了。

剛開始的時候，我們這種荒地，老人家們拿不動鋤頭來慢慢地開墾，所以慈濟就提供我們耕耘機，把泥土翻鬆起來，讓我們能夠非常順利去種植。而且我們的土壤拿去檢測的時候，結果是土質營養不足，然後就請顏老師指導我們透過有機的方式，像葉子堆肥的方式來改善土質，讓印加果長得更好。

我前一天還抓到一隻山羌，牠把我們那個葉子全部都吃光了，我們現在就架著網來防範動物的破壞。還有東北季風的問題，防範東北季風的侵襲，顏老師還指導我們要種植什麼樣的樹木來防寒，或著是防東北季風的吹襲，讓我們的作物可以很順利地成長。

這就是為什麼我們會從事高經濟作物，我們很期望透過這種生產方式，讓外流的年輕人都能夠回流；那麼回流之後，第一個可以就近照顧他的父母親，第二個可以就近照顧他自己的孩子，這樣子孩子都有一個健全的家庭的話，我想對我們孩子的幫助很大的。

總而言之，那就是我們看到了呂主任的輔導，族人對慈濟呢，他們不會表達啦！只會講「漂亮感動」，只會講這四個字，他們表達內心的話就是這樣子！

青年創新推動

## 陳昱築 / 臺灣好室創辦人

**我們很感謝慈濟基金會，
願意有這樣的資源分享給臺灣的年輕人。**

2018 年 5 月 8 日，慈濟基金會主辦之「青年公益實踐計畫」主題計畫甄選活動，主持人陳昱築鼓勵公益平臺可以相互交流，每個組隊的資源使用也可以互相鏈結。（攝影／陳昭賓）

其實小時候就知道慈濟基金會這組織，因為以前跟家人去花蓮團體旅遊的時候，會有一站到慈濟的精舍，那個時候對慈濟的印象就是那個地方非常地樸實安靜，然後還聽到了師父他們用存錢筒存錢來布施，來救難的故事，所以那個時候印象就是，慈濟是一個慈善組織。

在馮老師（臺大社工系教授馮燕）的牽線之下，我們跟慈濟基金會有一個「Fun 大視野想向未來——青年創新推動計畫」的合作，目前為止已經四年了。我們在全臺灣走透透，根據臺灣不同地方的社群，還有不同大學的學生，我們進行非常多青年創新的計畫。此外，這底下還有一個子計畫是「青年公益實踐計畫」，我們也跟基金會的夥伴共創這個計劃之外，四年來，我們已經孵化了三十三組的團隊，所以我們很感謝慈濟基金會，願意有這樣的資源分享給臺灣的年輕人。

那對慈濟基金會未來的期許是，希望慈濟基金會可以在四大志業的基礎上，可以跟更多不同的外部組織，跟更多不同的利害關係人，一起來共同合作，來創造更大的影響力。

五十五周年，生日快樂！

青年創新推動

## 成瑋盛 / 逆風劇團 團長

**逆風劇團也是秉持著慈濟的精神，
帶著孩子們走進社區，
我覺得逆風劇團其實也就是另一個慈濟。**

「逆風劇團」團長成瑋盛（右三），表示逆風劇團是全臺灣第一個由中輟、高關懷少年所組成的劇團，成立了四年時間，陪伴了將近一百位孩子，幫他們走回正軌。（攝影／游濬紘）

我記得小學的時候，有很多的師兄、師姊來到我們學校，分享靜思語。因為我媽媽每個月都會固定捐款給慈濟，所以她會跟我講很多我所不知道的事情，包含慈濟也會培訓很多的師兄、師姊，學習攝影、採訪、簡報等等，其實它不像我們想像的那麼古板。你會看到她不斷地在學習，而且終生學習這件事情，對我來說是很不一樣的。

看到慈濟到很多災難的現場，去給予很多人安慰、陪伴。慈濟不只是透過它的專業，更透過陪伴跟愛的力量，走進了很多、很多的地方。包含到偏遠的國度，像非洲及很多落後國家去做陪伴跟醫療等等，並協助很多的難民，這都讓我深受感動。

我在 2015 年，成立了逆風劇團；在 2019 年，我們劇團參加由慈濟基金會所舉辦的「Fun 大視野想像未來」青年公益實踐計畫。逆風劇團也獲選在第二屆裡面，那一年是我們自己跟慈濟有最深刻的一次交流。在過程當中，辦了很多的培訓，我們甚至還到了新店靜思堂做了二天一夜的訓練。這次青年公益實踐計畫裡面，它不單單只是經費的給予而已，它更能夠透過組織的成長、養成跟培訓，讓我劇團的所有夥伴都能夠有更多的格局跟視野，那也真正實踐了放大視野，想像未來更多的可能。逆風劇團現在也走在一條更穩定，也更永續的道路上面。

逆風劇團也是秉持著慈濟的精神，帶著孩子們走進社區服務，不僅撿垃圾、掃街，還陪伴了很多不論是在生命低谷，或在社會暗處的孩子找到光明。甚至我們也騎著機車，送物資到獨居老人家裡面，我覺得逆風劇團其實也就是另一個慈濟。

透過這樣的信念，我們相信一個理念就是，只要能夠讓愛開始循環，用善念的方式，就能夠把這樣的精神帶到每一個地方。慈濟在這五十五年以來，所造成的影響跟改變，我相信在未來都能夠持續地發光、發熱到每一個地方。讓不只是逆風的孩子，也讓全世界很多有需要的人，都可以得到他想要的溫暖。

青年創新推動

## 李應平 / 臺灣好基金會執行長

**我們把社會比喻做一棟房子，
慈濟日常的社會救助、社會慈善工作，
就是在維護、保護這棟房子的結構。**

2019 年 12 月 15 日，慈濟基金會主辦的「Fun 大視野，想向未來－青年創新推動計畫」活動，擔任「IBU 部落共學」的業師李應平分享，業師的任務是「陪伴」，與團隊一起整理、找出差異性，一起想像著未來的發展，一起尋求社會資源與網絡。（攝影／羅景譽）

我的母親是虔誠的佛教徒，她在早年曾經和慈濟的師兄、師姊們一起從事社會服務的工作，所以我在很年輕的時候就已經跟慈濟有接觸；同時呢，我的很多好朋友也都是慈濟人。

1999 年發生九二一大地震，當時震撼了臺灣的整個社會，也讓每個人都受到了撞擊，慈濟的師兄、師姊們在第一時間就趕赴現場，他們為災民準備溫熱的食物和溫暖的衣服，成為安定災民內心的一個很重要的力量。從此之後呢，我就經常看到不止在臺灣，也在全世界，凡是有災難發生的時候，慈濟的師兄、師姊們穿著藏青色的制服的身影就會出現在災區，他們持續地協助並且安撫受災人們的心。

在 2019 年我很榮幸受慈濟基金會的邀請，開始參與「Fun大視野想向未來——青年創新推動計畫」，那這個計畫其實是為了支持年輕人去尋找社會問題，同時透過社會問題的發現去找到解決的方案；透過這個計劃，我看到慈濟基金會在整個社會的公益慈善事業上面，有更進一步的發展，這個努力更深、更遠。

如果我們把社會比喻做一棟房子，我們就可以看到慈濟在日常，長時間以來，所推動的社會濟助、社會慈善工作，其實就是在維護、保護以及支持這棟房子的結構，因為慈濟的努力與付出，所以讓在人生遇到困境、這些弱勢的人們能夠得到協助跟陪伴，讓他們能夠走出人生的低谷。

「Fun 大視野想向未來——青年創新推動計畫」，就讓我們看到了慈濟超前布署的遠見，因為他們知道只有鼓勵年輕世代投入社會改革，才有可能有機會為這棟房子抽樑換柱，改造基礎；在未來的十年、二十年、一百年，能夠為人們遮風避雨。

慈濟五十五年，非常感謝慈濟為社會默默地付出，那同時也希望慈濟能夠持續扮演維護社會安定力量的角色，讓人與人之間能夠彼此信任，人與人之間能夠互相關懷，讓我們一起攜手創造和諧共好的未來。

九二一希望工程

# 王政忠 / 南投縣中寮鄉爽文國中老師 翻轉教育的夢行者

**落成典禮時，證嚴上人說了一句非常重要的話，他說：「我們已經盡力把最好的硬體給你們，軟體就交給你們，軟體就是教學，就是教育。」我們不負所託！**

2000 年 6 月 23 日，九二一地震後的隔年，南投縣中寮鄉爽文國中畢業典禮當天，三年甲班畢業生與王政忠老師於慈濟援建的臨時簡易教室前合影。（攝影／阮義忠）

爽文國中在九二一大地震中是學校全毀，中寮鄉是全臺灣最窮的鄉鎮，也是整個地震災區死亡人口比率最高的一個區域，本來就窮再加上地震天災，讓中寮鄉彷彿翻落谷底般地無助。幸好證嚴上人跟慈濟師兄、師姊們，在地震之後不到半年時間，就開始爽文國中重建工程。

大概不到十個月的時間，在 2001 年 4 月 28 日學校就落成，6 月我們就開始搬遷，我們就進到新蓋重建後的校園。我印象很深刻，那時候工程的要求大家都很努力在做，而上人對於學校的安全更加注意。重建過程中上人到學校發現某些地方安全度不夠，例如磨石子磨得不夠圓滑，小朋友會有危險，所以他要求重做，當時全部要打掉重做，從此處發現慈濟對工程品質要求是非常嚴謹的。

臺北永和、中和的師兄、師姊，都會在週末前來幫忙景觀工程，香積組（供餐志工）也在學校待了幾個月，就是大家一起護持學校，才能夠建立起來，讓學生能順利就讀，教育不中斷。落成典禮時，上人說了一句非常重要的話，他說：「我們已經盡力把最好的硬體給你們，軟體就交給你們，軟體就是教學，就是教育。」

從 2000 年到現在，我們可以說不負所託。這些年來，我們在這個學校努力經營，帶動學生主動學習的精神，透過四件外在事件，來帶動全校向上的氛圍。

第一件事，訓練學生每天在學習上的小事累積，就可以成為實現夢想的大事。這另一層的意義，就是促進學生去學習的動機，這是外在的部分。第二件事，我們想辦法讓學生內在對成功有渴望，期望學生可以在音樂、美術去找到自己成就感的來源。第三件事，是我們的國樂團，就是希望學生可以感受自己成就感的來源，看見世界這樣子，所以我們從來就沒有想過說學生比賽成績上能夠怎麼樣，超越自己就好。第四件事，就是學生必須擁有解決問題的能力，這在二十一世紀是非常重要的，所以我們希望學生透過閱讀提升自己的生活品質，提升自己生命的境界，生存、生活、生命，所以開始在教學方法上做一些調整跟嘗試，

也許有人會說要「翻轉教學」，但我們更希望稱之為「有效的教學」，能夠直指核心的一個教學法，所以透過我們教學設計 MAPS，M 就是心智繪圖，A 提問設計，P 就是口說發表，S 就是小組合作，期望透過有系統的教學，讓學生能夠去學習，事實證明經過這些年，不斷、不斷地嘗試設計，MAPS 教學法非常穩定，我們學生量化的成績，非常、非常地亮眼。

我們在參加會考，國文、英文、數學、自然、社會，每一科我們學生拿到的成績都超越全國標準，特別是我們的語文科、國文科，2019 年更是超標了七個百分比，這個學校學生學習的整個狀態是非常好的。學跟用、用跟學的結合，

還有透過閱讀理解這個世界的能力，就是我們希望在這個學校所做的，是個很重要特色。

也因為這樣特色，所以我們學生對學校的情感聯繫是很緊密的，從地震之後到現在，超過七成的老師並沒有離開，我們在一天、一天的努力過程當中，感覺自己來到一個比較接近教育的地方，我覺得我們在這裡實踐，我們對於教學想像一個理念，師跟生、情感跟學習的生活的緊密結合，讓老師在這裡獲得教學的成就感，所以我們願意留在這邊繼續往下努力。

大概在 2013、2014 年開始，會有老師跟我表達說，是否有機會可以到我的教室裡面來觀課？歡迎啊！大家教學相長一起學習，慢慢地知道的人越來越多，香港、馬來西亞、新加坡、大陸，老師們也透過網路來表達。觀課是一件非常棒的事情，可是學校畢竟是太遙遠，我覺得觀一、兩節課對教學幫助不太大，如果可以長期持續地觀課，幫助是比較大。這樣的我就開始用手機錄下自己上課的樣子，上傳到社群臉書，老師們可以每天去看。後來教育部長就來我的教室裡觀課，他覺得應該要幫助我，讓這麼好的教學現場，可以讓更多人看見。

所以他就透過一個計劃，派一位助理到我教室裡面，每天的工作就是拍我上課，然後就上字幕上傳到社群，全亞洲的老師都可以看得到我們。而且每年大概有兩、三千位老師飛到我的教室，透過線上看的大概有幾萬個老師。

2015 年我就覺得我這樣的教學法沒有多大的幫助，沒有一個單一的教學方法可以處理所有的教學問題，臺灣有這麼多這麼棒的老師，應該讓大家集合起來，變成一個跨領域的平臺，把臺灣這麼多的老師號召起來學習。

2015 年我就在臉書發起「我有一個夢」，希望可以號召臺灣更多老師出來參加我們自己想要學習的工作坊，一方面是想諮詢全臺灣在教學領域裡各個優秀老師們，組成很大團隊，開了不同的班，每個班就不同的教學法，老師自主報名去參加，二天、三天的學習。

不是政府要求，也不是教育部公文要求，全部都是老師自己願意來的，整個媒體稱呼我們是一場由下而上的一場溫柔堅定的革命。從第一年首次一千七百位老師參加，四年下來大概有兩萬位老師參加，這樣的工作坊促成社群的成立大概有一千個。

我相信教育可以促進社會流動，但是必須要有好的老師落實去實踐，所以我想成為老師。但我一開始也不是想要來這裡，我在高雄念師範大學的時候，就是一位收入非常好的補教名師。我是臺南人，大學畢業之後媽媽希望我回來南投陪伴，所以我就回來南投。在那之前對南投一點也不熟，一點情感也沒有。回到南投選填志願，填到爽文國中，爽文國中是我第一個國中，也是第一個讓我想逃的國中。

我發現在這裡，我的人生夢想沒有辦法實現，1998 年結束實習一年之後，我就離開去服兵役，服兵役的時候，就打算退伍之後不會再回來。因為九二一大地震，我回來這裡探望學生的時候，學生問我說：「老師你會不會回來？」讓我想起當初想要成為老師的那一念初心，因為那一句呼喚，我決定留下來。但是當時我沒有想到會留那麼久，想說留個三年、五年陪伴走過重建的路程，應該就可以了。

但是教育就是這麼一件神奇的事情，你投入之後就會忘記離開，再抬頭就發現因為在這裡，我感覺自己存在的價值。因為每一個老師都需要看見自己的價值，看見學生的需要，所以就繼續留下來。

現在我們學校百分之三十學生是跨學區，從草屯、名間、集集、南投市，搬遷進來的，甚至有百分之四的學生，是每天通勤從臺中市、彰化市來就讀我們學校，他們信任學校，認同學校，喜歡這個學校。

當年，我們一起在這裡，從上人的手中，從我們慈濟的爸爸、媽媽手中，接過這個充滿愛跟希望的一個學校，我們把軟體放進去，把教學放進去，把教育放進去。讓愛跟希望是更具體呈現的形象，讓這個學校變成一個在慈濟援建的學校當中，是一個非常具代表性的學校，是被社區看見，被整個臺灣看見，被整個亞洲看見，我覺得這是一所我們無負上人所託的學校！

特殊教育關懷

## 吳星宏 ／彰化縣和美實驗學校校長

**在特殊教育服務的這期間，**
**我們都可以看到慈濟人的身影，**
**去關懷幫助他們。**

2021 年 1 月 17 日週末假日，慈濟志工於彰化火車站前齊聚，與鐵路局同仁合作準備接運來自南、北兩路的二十多名行動不便的彰化和美實驗學校學生返鄉返校，從 2005 年 5 月慈濟志工提供這項服務開始，轉眼已進入第十六個年頭。（攝影／周國強）

我本身是一位特教老師，在特殊教育這個領域服務也十幾年了，特教中，我們有一群孩子需要有教育的一些資源來幫助他們，在他們的學習過程當中，也需要有一些社會的關懷服務這群孩子。其實在特殊教育服務的這期間，我們都可以看到慈濟人的身影，尤其在特教學校裡面，這些孩子有可能在日常生活當中或在他的家庭需要資助，我們都可以看到大愛慈濟的師兄、師姊們去關懷他們、幫助他們。

我也接觸慈濟志工十幾年的時間了，尤其近幾年，我到了國立和美實驗學校擔任校長一職，正式為本校服務，才發現原來在我們和美實驗學校處處都可以看到我們慈濟志工的身影！尤其這些慈濟志工無私的奉獻和付出，將近二十年來幫助我們和美實驗學校肢體障礙的孩子在臺鐵的接送情，服務他們上下列車，讓他們得以返鄉跟家人團聚，或收假返校讀書，這樣的服務更是令人感動。

國立和美實驗學校是全臺唯一一間招收有障礙類的孩子為主的學校，這些孩子大多數是因為身體上面的限制，所以他們都需要透過輪椅或者是助行的輔具來協助他們的行動，很多孩子從不同的縣市來到彰化我們的學校就讀，每逢周末假期，他們都要回家，他們的回家工具就是搭火車，但是他們到臺鐵遇到一個蠻大的困難，就是如何上下這些列車，這個部分就需要有比較大量的人力來去支援，而且更重要的是支援不能間斷。

在孩子的就學期間，每個禮拜五和禮拜日都需要接送，很感動的是我們的慈濟，從 2000 年少數志工到現在有組織、龐大的接送服務，協助我們的孩子到達彰化火車站之後，志工有的推輪椅、有的攙扶他們，甚至有更小的小孩需要志工抱，讓他們可以順利搭上返家的列車，回到自己的縣市，跟他們的爸媽團聚，這是我在特教領域裡面遇到的，我所知道的慈濟師兄、師姊。

本校早期名稱為「仁愛學校」，「仁」就像人與人之間，就如慈濟志工體現如何用愛去關懷他人、用情去相待他人一般，我都可以從師兄、師姊身上看到一種無私奉獻的愛，這些愛匯集起來就成了大愛，那大愛幫助社會，甚至是學校裡需要協助的孩子或是家庭，讓他們可以安心學習之後還能順利的成長。

再次感謝慈濟志工對於和美實驗學校的孩子鐵路的接送情！最難能可貴的是我看到了慈濟志工堅毅和持續的心！如果說我們要幫忙一個這樣子的活動，往往有可能在其他的人員在比較短的時間去做這個服務，但慈濟可以動員這麼多的人，支援本校接送情的活動長達二十年以上，從來不間斷的。只要孩子就學的期間，每個禮拜的星期五和星期日，志工一定會準時到達彰化火車站，迎接本校的孩子，讓這些孩子可以順利的上下列車，順利地回家，順利地到學校就讀，如果同一個環節沒有持之以恆的愛心，可能就會產生很大的問題。

所幸慈濟的師兄、師姊從來不間斷，另一個讓我感動的點是志工那份愛心的體現，他們把這些孩子當成像自己的孩子一樣的呵護，這些日子以來可能遇到風吹雨淋，他們總是優先為我們的孩子著想，擔心他們淋到雨、吹到風，有雨，傘先幫他們遮，有風來，外套先讓他們穿，真的將本校的孩子視如己出，這份愛心令人敬佩，所以在這個互動的過程當中，我們真的看到無私、愛的奉獻。

我覺得現今資訊發達，又是一個多元且節奏快速的社會，如何把愛這份精神發散出去，這是我們現在這個社會最需要的，每每看到慈濟志工為愛付出的身影，我覺得這些大大小小的故事，應該可以讓我們臺灣更多的民眾了解，把這份大愛推廣出去，對於這個社會而言是有幫助的，讓人「善」的心可以覺醒，對於人與人應對上，會更加友善，也將會出現一個更柔和的社會，慈濟也可以將更多感動的故事讓更多的人知道，這也是我的一個小小祝福和期許。

偏鄉教育關懷

## 陳月珠 / 花蓮縣萬榮鄉紅葉國小校長

**慈濟讓我們的孩子生活變得更精彩，
讓我們的孩子更有安全，
那種被支持的感覺；不只是孩子，我們也是一樣！**

2019 年 5 月 17 日，花蓮縣萬榮鄉紅葉國小師生前來靜思精舍進行「健康人文參訪」，更以原住民音樂舞蹈表演，表達出對慈濟扶助原鄉、關懷教育的感恩。常住師父與慈濟慈善基金會顏博文執行長（二排左五）等主管同仁，與孩童們歡喜合影。（攝影／陳誼謙）

我們紅葉國小這邊是太魯閣族群，目前有五十位學生，幼兒園有十八位，這邊孩子普遍家庭都比較弱勢，單親隔代教養、還有中低收入戶等，五十個學生中，就有四十個孩子需要接受特教的情形，我們分析後發現，孩子們是缺少陪伴跟關心；然後我就在想，該怎麼樣來幫助這些孩子？

我們盡量跟主管機關申請官方的資源，例如說「保護計畫」、「夜光天使」課輔、「補救教學」等學習輔助，這些資源是有幫助的；不過孩子回到家，卻沒有人照顧他，那個溫飽的問題也是一個狀況，在孩子身上看到了我們的責任。

四年前，我們就請慈青社（慈濟大專青年社）的學生，到我們學校來指導孩子的品格、習慣的養成，還有他們的態度。2021 年已經是第三年了，那我們也發現孩子在這樣的環境中，他們學會了溫馨，學會了感恩，也學會了關心別人。同樣的，我們也發現了慈青社的孩子，他們在跟孩子相處的過程當中，體會到原來自己是很幸福的。

像慈濟志工阿姨們會帶著慈青社的孩子來這邊自己煮菜，他們在廚房整理食材，有一些孩子他們從來沒有洗過菜，也沒有切過菜，所以志工阿姨就教他，那我們的孩子也會來學。打餐的時候，有的孩子看到他們愛吃的東西，就會去拿很多，然後慈青社的哥哥、姐姐就會告訴他：「拿你夠吃的就好，然後別人也要吃，那你吃完了，不夠再來拿。」

第一天是這樣，第二天的時候，這個孩子去了，他看到另外的孩子也是像他昨天的情形，那他會告訴他說：「不可以這樣，我們還有很多人，你看那些老師都還沒有吃，不要拿那麼多！」這個就是一個經驗上面，他學會的，那我們也不用去講他，那他就看到了，然後他也會去判斷怎樣是好？怎樣是不好？我就發現凡事從小處著手，因為一些行為跟觀念的改變就在小地方；那慢慢改變以後，他就會變成一個很好的人，在社會上就會變得比較和諧，比較快樂。

我看到的，不僅我們國小的孩子在成長，我們慈濟慈青社的大孩子，他們也因為這樣而成長了很多，我們都覺得滿好的，這樣的資源非常地好。

記得在兩年前，有一個東華大學的孩子在這邊拍我們學校的紀錄片，他們就去播放。有一次在（臺東縣池上鄉）大波池播放。就有一位賴師兄，在他們播放完的第二天，他突然主動打電話到學校來。他說，他要來照顧我們的孩子，然後他自己就來了。他說在那個紀錄片裡面，看到我們照顧孩子的情形，也看到那個設備並不好，而這些孩子都那麼認真的練習，他覺得他們應該要受到更好的照顧；就這樣子，我們的那個才藝班跟課輔班的經費就過來了。

那個才藝班，我們也是以文化為主的教學，有傳統樂舞，還有木琴，我們就跟孩子說，參加這個才藝班的孩子，你們就是最棒的，讓孩子來參加，哪怕他們的表現不是那麼地好。我講說：「這是你們表現優良，表現優良不是你考試第一名，是你認真、負責、有禮貌，你就可以來。」就是用鼓勵的，讓他們有尊嚴跟有尊榮感，我覺得這是很好的。那孩子也因為這樣，他們就喜歡到學校來上學，然後他們認真地學習。所以我們才會在成果展有很好的結果，我們 2020 年的舞蹈比賽就得到花蓮縣的優等，歌謠比賽得到特優，也取得代表花蓮縣去參加全國賽的資格。

我們真的很感謝慈濟，慈濟基金會給我們無限大的支持，因為他看到我們孩子的希望，看到紅葉國小做這件事情是很務實的，而且很認真的；因為慈濟讓我們的孩子生活變得更精彩，讓我們的孩子更有安全，那種被支持的感覺；不只是孩子，我們也是一樣！

還有慈濟的賴師兄，從紀錄片裡他就看到我們這個學校、這個部落，是值得來支持跟照顧的，他就很主動地到我們學校來照顧我們。然後，我們也發現了，他的那種精神是我們可以再次去學習的，因為他都願意這樣子到這邊來照顧我們，我們在這邊，更應該要照顧好我們的小孩。所以他來這邊，主動給我們溫暖的感覺，也更啟動了我們照顧孩子的那種心。

像他就是每個人給一雙鞋，不管是不是才藝班的，你都可以有這一雙鞋，他就送我們全校。他說這些東西，只要能用到的人，都可以去用；然後在冬天冷的時候，那他又寄了很多的襪子，都是品質很好的，他就分享給我們的小孩。這些資源都是經由他的觀察，然後把他的愛心落實在孩子的身上。所以在這些小地方，我們直接的感受，而且他是默默地，並沒有要什麼名啊！或是要我們感謝狀，全部都沒有！所以這個是很感動的地方。

我們也沒有宣傳，就是大家看到我們真實的一面，我想現在的社會，大概是真實的那一面比較會感動人。

敘利亞難民關懷

## 主麻．圖拉亞（Juma Thuraya）／土耳其慈濟滿納海學校校長
前敘利亞大學教授
慈濟志工

**慈濟啊！你是我的心，你是我的眼，**
**你深入我們的生命裡，你們是我們的一部分。**
**我們祈願良善、優秀、和富足降臨於你們。**

2015 年 10 月 20 日，慈濟志工與敘利亞老師向土耳其政府申請辦學，為在土耳其的敘利亞難民學童成立第一所半公立的「滿納海中小學」，並且提供補助，讓原本為了家庭生計打工的敘利亞難民孩童，可以回到校園接受知識與品格的教育。圖為敘利亞主麻（Juma）教授與學生開心互動。（攝影／黃世澤）

奉大仁大慈真主之名開始，阿拉在《古蘭經》第四十九章十三節說：「我使你們成為許多民族和部落，以便你們能夠彼此認識。」充滿祝福與平安的先知穆罕默德也說過：「人互為兄弟，無論你喜歡或不喜歡。」

我是志工：主麻．圖拉亞，來自於敍利亞——一個被祝福的地方。

我的座右銘是：「所有的生命都依靠著阿拉。」

我的信念是：「真正的信仰是要愛人如愛己。」

我的家庭：「他是包含了全人類的家庭，人祖亞當，人母夏娃傳下來給後代的訊息就是：慈悲、愛、善良、仁慈、與兄弟之情。」

身為一個慈濟家庭的一份子，令我覺得很驕傲——我深受我父母親的道德教育的影響，他們喜愛良善，心懷著愛、慈悲，對他人的親切常存於心。

我在大馬士革的阿布．努爾清真寺學習了知識、教育、道德和慈悲，我獲得了伊斯蘭教法的文學士和阿拉伯語文學士的文憑。我也在阿布．努爾教阿拉伯文，對象是非阿拉伯母語的外籍生。

西元 2008 年，我認識了一位臺灣兄弟名字是尤努斯（張景安），我很榮幸教他阿拉伯文。我很喜愛他，他也很喜愛我。當時我是敍利亞最快樂的人之一。我的心常住在平靜與寬慰之中，我的生活美好與可靠。我生命中最美麗的日子是我可以提供知識給這些優秀的外籍學生。

但生命中總是無法長存平靜與美麗。有一天我們醒來，發生了事情，一切都翻轉了過來，家園被毀壞。悲傷、痛苦、和苦難瀰漫我的國家敍利亞。無論白天或黑夜，敍利亞變成消沈、傷心、受傷、哭泣的地方。

是的！我離開了我至愛的國家，跟我傷心的母親道別。那天母親好像知道我們從此不會再相見，我們在淒厲哭聲中離別。因為當時的狀況，我不得不告別我的家人、朋友，踏上旅途，在 2012 年 9 月抵達土耳其。當時我在蘇丹加濟市裡一個土耳其資助的學校教阿拉伯語。

讓我說明一下敍利亞人當時的狀況；我們的狀況很悲慘，我們擔憂、煩惱、傷痛、磨難，厄運從四面八方席捲而至。我們沒有收入、無法受教育、沒有未來、沒有希望。我不知道能為敍利亞人做什麼，來減輕我們的擔憂與痛苦，我們是一群貧窮、陰鬱、苦命、迷茫的人，但我們仍堅信阿拉。

我們渴望著解脫，夢想著在黑夜的厄運與苦難過後，黎明會到來。人們相信阿拉會結束我們的苦痛，會實現我們的心願。

2014 年齋戒月，解脫的黎明曙光升起，希望的朝陽照耀在敍利亞人的身上。

因為我們遇見了一位忠誠、懇切的臺灣人 —— 胡光中，我的靈魂被點亮了，這個人是阿拉賜給我們的禮物。我是透過那位我在大馬士革教過的臺灣學生尤努斯而認識了他。尤努斯到了英國，心卻擔心著敍利亞人的苦痛，希望可以幫忙消解。

感謝真主阿拉，我能夠透過尤努斯認識代表慈濟基金會的胡光中。

那一天對我來說，是一個重生的日子，也是一個在我心中永遠深具歷史性的記憶。胡光中先生告訴我關於慈濟基金會，我很欣喜我所聽到關於它的人道救援、它的志業使命、它的理念和價值。我們那天談了關於敍利亞人在這個地區的問題、擔憂、厄運、和苦難。

我們夢想著，想像著在慈濟的支持之下，給敍利亞人一個全新的世界，一個光明的未來。我們向阿拉祈求能夠在慈濟的幫助下，解除敍利亞人的苦難。後來胡光中和他的朋友們趕緊發放一籃籃的食物給一些在土耳其蘇丹加濟市的敍利亞家庭。然後胡光中把賑濟和教育的工作規劃呈報給位於臺灣的慈濟基金會，希望能夠協助受盡折磨的敍利亞人們。

「慈濟」對我而言，就是慈悲與付出，展現出愛與慈悲的務實態度，且實際地行動。我向真主阿拉禱告，我相信祂，我應該公平對待所有的人，我不應該低估每個人的才能。基於這個信念和公正的準則，我必須要說實話，也要用公平與公正來驗證慈濟。

如果我不說實話，相信阿拉也會詰問我，為何不說出關於這個基金會在全球人道救援的真相，以及它輝煌的志業，還有它燦爛的理想與行動，支持著所有他們能夠聯繫得到、需要被幫助的人。

總結我對慈濟的印象如下：

- 它是一個招喚愛與慈悲的基金會，超越所有的界線，遠遠離開種族與宗教歧視。

- 它的使命是人道援助。

- 它承載著良善和支持每一個有需要的人。

- 它的所有行動，由一個信念「我們都是一家人」開展而成。懇切地感受存在於每一位慈濟人的心中，他們快樂來自於別人的快樂，他們傷痛來自於別人的傷痛，他們苦別人所苦。

- 慈濟人積極、務實、尊重、親切、有禮。

- 慈濟人不辭辛勞，他們用盡所有精力，充滿同理心地去幫助需要的人。

- 慈濟人隨時準備好，時時做好萬全準備。災難發生時，他們能夠快速行動，馬上出現在災區。

- 慈濟的慈善志業工作種類很多元，大量地在世界各地開展。

- 慈濟關心著它的成員與受助者的倫理、心理、與道德。

- 慈濟人的快樂來自於服務他人。

- 對於受助者的尊重、感謝、欣賞和感恩是慈濟的基本原則。

- 慈濟的理想是行動，它的志工的價值觀都是實際的行動，他們的規章是實際行動與作為。

- 發揮團隊合作的精神是它的特質，所有的成就與作為都歸功於團隊，不是個人。

- 為了慈濟的永續而犧牲自我是慈濟人的基本信條。為了他人的快樂，慈濟人願意耗盡體力，耐受艱苦。

- 慈濟基金會有出色的組織與規劃。

- 慈濟給我深刻的印象是它的成功與卓越，來自於慈濟人對於他們尊敬的領導人、導師、證嚴上人的全然忠誠。祈求阿拉賜福與健康給證嚴上人，祈求他常住世間。

- 我們不意外地發現千萬的慈濟人都有著道德與向上提升的養成，因為他們的導師是如此地慷慨、誠懇，他的心中充滿誠摯的愛、仁慈與慈悲。

是的，慈濟人在一個有如理想中的國際學校感受到真正的歸屬感，他們學習證嚴上人的教導、他的故事與緣起、和他的道德準則。慈濟人不只是聽，而是遵守導師證嚴上人的指令，對於他的話信受奉行，證嚴上人愛他們，他們也愛他，慈濟的成功來自於這份純淨的愛。

至於我在慈濟工作的開端。一如我開始說的，胡光中向臺灣慈濟基金會呈報關於服務敍利亞人的規劃。那個援助規劃，讚美阿拉，受到慈濟基金會的肯定，濟助工作從 2014 年 10 月開始展開。三位土耳其慈濟志工們，胡光中先生、周如意小姐、和余自成先生規劃、組織，並準備提供糧食給一些敍利亞的家庭。我們團隊中的敍利亞志工，跟隨著三位慈濟志工的引導，遵循慈濟的方針、處事原則、以及適切的條件來展開濟助工作。

接著我要開始分享的是，慈濟給我的親切支持。

一開始，我就說：「不會感謝人的人，他也不會感謝阿拉。」慈濟提供我良善、仁慈並為我打開了善門，讓我可以服務人們、做好事。慈濟提供給我所需要的每一件事，包括愛、誠摯、感受、兄弟情。你們幫助與支持我的家人。

真切地，我收到了慈濟人代表著證嚴上人給予我們的愛，這些良善與誠摯的兄弟情誼，證嚴上人持續地關心我的狀況，問候我的家人和建議這裡的慈濟人要陪伴我們。

我打從內心深處說：你們滿足了我與敘利亞人所有的希求與願望。你們提供所有美善的事物，包括各式各樣的支持與教育，你們為我們蓋學校和診所。

證嚴上人給我們無盡地財務上和德行上的支持，從來沒有其他機構或團體用慈濟那樣的方式對待過我們。

我估量著所有我們收到來自於慈濟基金會的支援，慈濟那麼貼近人心地關心著敘利亞人、我的家人、我的兄弟們，我要用我的生命表達我的感恩，感恩慈濟！

我想從內心深處獻給慈濟基金會一段話，就在它成立五十五周年的時候。

我要說：慈濟呀，你是我的心，你是我的眼，你深入我們的生命裡，在我們孩子們的心中與靈魂中，你們是我們的一部分。我們祈願良善、優秀、和富足降臨於你們。

尊貴的上人導師、令人敬佩的慈濟人：慈濟的五十五周年慶是一個在我心上甜美的記憶，對敘利亞人的生命中的一個大事紀，那記憶充滿仁愛和慈悲；那記憶是美好而悲憫的；那記憶都是援助苦難以及解除困苦的行動。

是的！慈濟的歷史寫滿了善良、愛、與高貴的贈予。

我恭賀你們擁有這芬芳的記憶，我要告訴你們：你們行走在一條富有建設性的、充滿人性光輝的旅程上，沿途撒播仁慈與愛。

事實上，你們已經成功散發了光芒，超越了許多的慈善組織和人道團體。

你們懇切和誠實，你們愛所有的善。你們被品德高貴的上人導師教導著，所以你們慷慨、有品德，而且善良。你們追隨的道路是一條愛與善的路，所以生命會回饋美好給你們。

我，和與我在一起的每一個人，在我們有生之年，會持續感謝你們，用我們的口、手、心和情感，我們永遠不會忘記你們的恩澤。我們承諾會與你們同在，一起散播愛和慈悲，讓和平充滿整個世界！我們會努力工作，求阿拉應允我們可以行善，萬能的真主說過：「做好事，你就會得到豐盛。」

我們充滿希望，也很有信心，你們會持續與我們同在，我們也會與你們同在，我們互相支持。沒有你們，我們走不下去。我們要告訴你們，敘利亞人滿懷感恩地祝福臺灣和慈濟人。我們以你們為榮，很榮幸能夠認識你們！

我們祝福慈濟周年吉慶。

我們祈求證嚴上人平安健康。

我們祈求慈濟在捐助他人、在利益他人、在幫助他人的行動上持續發揮高貴亮節的光輝，讓證嚴上人因為慈濟而歡欣！

祈願世界充滿祝福，祈願上蒼降福於你們！

敘利亞難民關懷

## 阿卜杜勒・馬力克・懷斯（Abdul Malik Weis）／土耳其滿納海學校教師 慈濟志工

**這是我生命的轉捩點，阿拉！我將永遠也不會忘記慈濟基金會，這個名字將銘刻我心，死而後已。我將向我的孩子、孫子、世人，傳頌他們的故事。**

熱愛教學的馬力克（Malik）老師，重新在慈濟創辦的滿納海學校裡面擔任教職，可以為自己國家的難民小孩付出愛心和教育，培養他們良善的品格，不僅生活充滿意義，也讓他自己走出戰爭的陰霾，找回自我生命的價值。（照片提供／Abdul Malik Weis）

以阿拉之名

慈悲和平的阿拉照耀著你！

我的兄弟、姊妹、家人，我充滿大愛、仁慈、悲憫和人道關懷的家庭，慈濟家庭：

我是來自敘利亞的阿卜杜勒・馬力克・懷斯（Abdul Malik Weis）。我成長在一個充滿愛與溫柔的家庭，我的家滿載著愛的汗水、希望的淚珠，和樂觀的笑容。

我的家由一個自立自強的男子和一個刻苦耐勞的女子建立。我父親在經歷過一場艱辛的人生旅程後，以勇氣和希望親手一磚一石地建起家園。他發下誓願並許諾，他將彌補對兒子們的疏忽並給出他所有的一切。他和我母親奉獻他們的生命，為兒女們提供較好的生活。他們攜手並肩努力，很快地獲得了成果，他們的孩子獲得良好的大學教育，而我是最小的兒子，我還記得當我進入大學就讀時，我父母的眼睛閃閃發亮。讚美阿拉！

我進入大學勤奮讀書，希望能成為我的家庭、宗教與國家最佳的代表。

日子平順的過去，直至我大三那年，戰爭摧殘了我的國家。我所居住的那個省及鄰近地區的人們，飽受戰火的蹂躪。我朋友們被埋在土裡，我則猶如置身在恐怖的夢魘中或電影故事裡。阿拉拯救了我的身體，我卻失去了靈魂。我們失去了家園，那個出生及童年歡笑的地方變成灰燼。我必須流亡遷徙，遠離我溫暖的家園，把兒時甜蜜棄於身後。

我面對著戰爭、危險及失根。我覺得失落和絕望，我覺得失去未來。然而，我母親的聲音充滿希望和鼓舞：往前走！完成你的旅程，達成你的夢想！

我繼續大學教育，畢了業，在那戰火摧殘的城市教育學生。在土崩瓦解及人命危脆中，我教學生保持希望和樂觀，我覺得他們像我的孩子，我為他們盡力做我能做到的事。

詛咒戰爭，戰爭和流離失所，如影隨形的跟隨著我在我國的每一個部分，我沒有選擇的餘地只能被強迫安置。受盡磨難，歷盡艱辛，是每個敍利亞人的經歷，我是其中之一。

我前往土耳其，前往未知，那裡我只有一個朋友。帶著大學學歷、我的夢想和抱負，出發到一個說著不同語言的不同的國家。我跟父母親告別，母親忍住淚送我。我向祖父告別，他說這將是我們最後一次見面。祈求阿拉悲憫他！

我抵達土耳其，一個新地方，說著不同的語言。我敲每一扇門，全無回應。我待了好幾個月，沒有工作，沒有希望，我在一種心理艱困的狀態中，失去一切，也沒有未來。

我父母所建立的一切，如同那棟家屋，都被摧毀殆盡，我看著照片，不能相信這一切是怎麼發生的。我換著各種工作，歷盡失敗。我去做建築工人，不到幾天就被開除。去做農工，去鐵工廠做事，這些艱苦的工作，我毫無經驗。我去洗車場工作，老闆跟別人說，我曾經是老師，我看到他們眼中流露著可憐我的眼神，我請他別再提我是個老師的事。

此時，我朋友跟我說他在伊斯坦堡（蘇丹加濟市）當老師，我所在的地方離伊斯坦堡八百公里遠。他要我去他的學校，並提交我的畢業證書。

一個轉捩點，生命的轉機，轉向希望。

讚美阿拉！我被滿納海學校錄取了，可以做個老師為我國的學生教書。我知道這所學校是由臺灣的慈濟基金會援建，我開始認識基金會的人員。我認識了有著美麗的笑容、溫和語言的 Mr. Faisal（胡光中師兄），他講跟我一樣的語言，阿拉伯語。經過他，我認識 Ms. Nadia（周如意師姊）還有 Mr. David（余自成師兄），還有另一個眼中閃著慈祥愛意的善良人士，他是主麻（Juma）教授，他們一起並肩合作。

我曾經跟著他們去了一次發放站，我看見他們提供慈悲關懷給那些被收容的人，那些人由於家鄉的狀況和逃難在外的光景，都備受折磨。我願意加入他們，去幫助那些受苦的人，也體會到許多五味雜陳的感受，我很高興我能幫助苦難者，但又為他們的處境感到悲傷。

這是我生命的轉捩點，阿拉！我將永遠也不會忘記慈濟基金會，這個名字將銘刻我心，死而後已。我將向我的孩子、孫子、世人，傳頌他們的故事。

就是慈濟的名字……

我曾向胡光中、余自成，及主麻教授道謝，他們說：感謝阿拉、感謝慈濟和慈濟人。我了解了團結合作的重要性，我們都應該要攜手同心，一起為人類的大愛和慈悲付出努力。

在阿拉和慈濟的幫助下，我變成一個嶄新的人，獲得新生。現在我是這個偉大組織的志工了，我願意以最好的方式代表慈濟，並虔誠和誠實的執行慈濟的理念。

因為大愛、人道和兄弟情誼，無求的幫助所有需要幫助的人。我是個老師，我教導我的學生愛與善良，幫助每個需要幫助的人，不論他們的種族和宗教。

人人都是兄弟。當我的學生能以他們純潔的心靈，用誠懇天真的文字，提供道德和物質的援助給黎巴嫩和菲律賓兒童時，我熱淚盈眶。他們體現美好的愛和美好的人性。

不論我如何說，都無法表達我內心的情感，我對慈濟基金會的感恩。它給予我最重要的道德支持，並使我成為一個較好的人。它提供我經濟支援並給我工作機會。它給我幫助別人的機會，並使我能夠伸出助人之手。

它為我們成立了一所學校，我們一起用愛與喜樂來建立。他們為我們創建了一個國度，使我們在荒涼的放逐裡能夠團結一致。滿納海學校和慈濟基金會對我們而言，像是敍利亞的縮影，或甚至比那更偉大。他們是一個世界，世人在其中相遇，不分國籍、種族和膚色。

慈濟和敘利亞一樣是我的祖國，它是我的心靈和靈魂的一部份，證嚴上人及慈濟人都是我們的家人。

我現在正在學華語，來表達我對上人及臺灣慈濟人的感謝。讓我告訴你，上面這些話是從我及土耳其的敘利亞慈濟志工內心深處與靈魂核心處散發出來的。

感謝你們！

感恩上人、全球慈濟人，

謝謝你們的幫助，

我們愛你們！

我們愛慈濟！

敘利亞難民關懷

# 阿哈瑪・哈吉・傑內德（Ahmad Hajj Junaid）／土耳其滿納海學校校友 慈濟志工

**我會養育我的孩子法塔，灌輸他慈悲、美善和人文的價值，讓他們也能夠再去幫助別人，攜手同行在正確的人生道路上。**

2018年11月24日，敘利亞難民大型物資發放，敘利亞青年傑內德（Junaid，左二）跟隨前來採訪的臺灣慈濟志工，承擔翻譯。傑內德曾帶著二十多本書，從敘利亞逃難到土耳其，在慈濟的幫助下復學，成績極為優秀，希望自己未來能將所學貢獻給祖國同胞。（攝影／余自成）

願阿拉保佑各位平安！

獻上我充滿愛的感激與祝福，給慈濟基金會的家人。

我的名字是傑內德，今年二十五歲。我生長在敘利亞一個安定的家庭，激勵我學習，注重教育和自我的發展。在讀書求學的階段，我的成績不錯。父母為我提供了充分的資源，助長了我在學業上的成功。

直到那可惡的戰爭來臨，毀滅了我的希望和夢想。當時我高中一年級，生活發生巨變，炮彈、炸彈從天而降，一切都停止了。儘管如此，我堅持我的原則，忍耐等待戰爭結束。三年過去了，一切都變了。戰爭的黑暗籠罩著我的家園，生活變得極為艱難。更讓我悲傷的是我的朋友們都被炸死和喪生在飛彈之下。

我也失去了許多親戚和鄰居，生命變得很沒有安全感，我們失去了人文精神。每次出門時都不確定能否安全回來再看到家人，因為死神就在身邊，比我們身上的血管更貼近我們。在敘利亞生活的這三年，戰爭的惡劣情勢影響了我的思想，讓我看事情只看到黑暗的一面；認為世界拋棄了我們，認為人活著就是要毀滅別人，然而不管身邊發生什麼事，內心仍有隨身要帶著書包的念頭。一直掙扎在希望與失望之間。

是該離開的時候了！我的父親深感不捨，淚流不止，不知道有生之年，能否再看到自己親手一塊、一塊蓋起來的石頭屋以及他所愛的人。我也從母親疲憊的臉上看到了悔恨和壓抑，至今這也一直影響著我。我的母親，她一度認為她的兒子已經沒有了前途和夢想。從母親的眼神，我看到了她對於我未知的命運感到害怕。最後，我們決定離家，前往土耳其。

土耳其給了我們安全與穩定的環境，但為了取得家庭生活上最簡單的必需用品，仍然要很努力工作。我失去了所有，來到一個陌生的國度，我必須要在製鞋工廠長時間地工作，年老的父親也被迫做著以前沒有做過的工作。慈濟基金會開始在伊斯坦堡的蘇丹加濟市提供救援給敘利亞人。有一次他們來我家中，慈濟探訪了我們，當他們問我們的狀況時，我母親可憐地說：「我什麼都不要，只希望我的孩子們可以繼續上學唸書。」在那一刻，我們感受到世界上還有人想到我們，並且關心我們，讓我們一家又燃起了希望。

我從慈濟基金會得到了獎學金，取得高中畢業證書和進入大學唸書的夢想得以成真。如今我已經是大學工程科系二年級的學生，在慈濟當志工也兩年了，我得到的支持總是伴隨著愛與鼓勵。每當我感受到這些人性的美善時，彷彿變成了一個新的人，心中充滿著樂觀和希望。我知道人可以使別人快樂，使人重振希望。

我在慈濟當志工以後，開始有了許多疑問，是什麼讓這些在八千里外和我們的文化、信仰都不同的人，願意幫助我們並把歡樂帶入我們心中？如何讓一個一開始只靠三十位家庭主婦募款供自己和鄰居所需的機構，進而成為一個全球的基金會，而且樹立了典範呢？這其中有一個偉大的指標，那就是基金會的使命是有著愛心、有慈悲心的信念，而且是付出不求回報。這是一個慈善的機構，體現它真實且崇高的理想，就如它的口號一樣——我們是一家人。

今天，我把這個信念轉變成為我的責任，我感受到我是慈濟的一份子。而身為慈濟家庭的一員，我要努力，要做最好的代表，來傳遞愛與美善。這個慈善、慈悲又有人文的基金會給了我一個工作的機會，支持我的家庭和幫助我完成大學的費用。在此之前，我受苦於白天長時間的工作，晚上唸夜校，一早又要起來工作。

您們已成為我精神的一部份、未來的一部份和生命歷史的一部份，我會養育我的孩子法塔（Abdel Fattah），灌輸他慈悲、美善和人文的價值。我會教導他，我從慈濟所學來的一切。說聲謝謝是無法表達我的感恩的。我祈求真主阿拉給您們最偉大的報酬。我承諾我也會在不久的將來，去幫助有需要的人們做為回報您們，讓他們也能夠再去幫助別人，然後我們能夠攜手同行在正確的人生道路上。

2021 年是慈濟的第五十五周年紀念，慈濟打開了大門，跨越了國界，救助了那些苦難的人，您們是療癒創傷的良藥，五十五年的希望，在這五十五年裡，慈濟改變了許多人的一生，我只是其中之一而已，上蒼會繼續支持那一些有愛心的人，讓他們的生命更美好。

慈濟，我的家人：您的愛鼓勵了我想去學臺灣人的語言，我盼望能用您們的語言來感謝您們。但我相信我的這些話已經能觸動您們心裡，因為我們是一家人，而我們講同一種的語言，那就是愛！

最後誠摯感恩這個偉大的基金會！

感恩慈藹的母親，證嚴上人！

感恩全球的慈濟家人！

敘利亞難民關懷

## 德思寧・莎他 / 土耳其慈濟滿納海學校學生 （Tasneem Shartah）

**是您們讓我們笑顏展露，抹去了我們臉上的淚水，**
**也照顧了上千被迫遷徙的家庭。**
**世界上再多的語言，都無法表達我對您們眾多恩情的感謝！**

滿納海學校的學生德思寧（Tasneem），感恩在土耳其慈濟志工周如意（左）的陪伴下，緩解了他們生活上的孤寂和失去親愛家人的痛。（照片提供／周如意）

奉大仁大慈的真主之名開始！

我是來自敍利亞的德思寧 · 莎他。我是一名學生，今年十八歲。我來自一個注定會與其他國度不同的國家。當我十二歲時，命運迫使我必須在另一個國度睜眼醒來。在那裡，所有事物對我來說都很陌生，我也不認識任何人，甚至我無法像其他孩子們一樣玩耍，因為他們的語言和我不同。

所有的事情都極其困難與痛苦，你必須離開你的家園、學校、玩具，放棄有你孩童時期所有美好生活足跡的地區。突然之間，我們的命運、學習、工作，所有的一切都無法再掌控。

我失去了全部，我的夢想、我的未來，我不停地哭泣，只能向真主祈禱，求他補償我一個女孩所嚮往獲得的知識及一個未來。因為我已無法再繼續接受教育，帶著悲傷的心，我們來到了土耳其。即使如此，我還是樂觀地希望真主會賜予我機會，而那個機會也確實來臨了！

人們告訴我在我住的蘇丹加濟市有一個來自臺灣的慈善團體會幫助有困難的難民。他們除了物質上的援助也給予難民們精神上的支持。從此快樂、歡喜、樂觀之門被打開了！這個團體真的可說是土耳其最誠實的慈善團體，他們付出無所求，他們甚至感恩我們接受了他們的禮物。

我從未見過像他們這樣謙虛的人，要不是我自己真實體會過，我無法告訴你他們所做、他們所給的愛與關懷，真的可謂是傳奇了！我認識了慈濟人，他們的誠實和人道精神深深的感動了我。他們真是我所見過最親切、最真誠的人了！

時間匆匆流逝，我也在我註冊的學校逐漸成長，夢想再度慢慢成形。那是我差一點遺忘在我已毀的國家。我已記不清我的國家，只剩下一個遙遠的模糊記憶，在我離開時損毀的學校和花園，藏著我童年最美好的記憶。

如今在慈濟，學校除了引導我們思考並教育我們的品德。慈濟希望教導的孩子們都可以開心，並成為一個堂堂正正的人。我從八年級開始在滿納海學校就讀，現在已是十一年級的學生了。我認真地學習，希望有一天能實現我想讀大學的願望，也是我父母最大的希望。

滿納海學校激勵並鼓勵我們追尋知識，並在各個領域中尋求精進。我參加了學校舉行的小型臺灣博覽會，我很開心自己是其中一個工作人員。這個博覽會介紹了臺灣文化、精彩的花卉、臺灣節慶、臺北最高的一〇一大樓以及茶葉。我很享受參加這個博覽會，因為在那裡我認識了臺灣的文明。這個文明教導要伸出手幫助有困難的人，我也因此從無知被引導向知識及品格的天地中。

我們一直都在娜蒂雅（Nadia，周如意）老師的陪伴下，她對我們有很深的影響。我們在她的教導下學習臺灣受歡迎的傳統，如插花和傳統的泡茶，那真是一個很特別的體驗。

她的陪伴和這些特殊的課程，緩解了我們的孤寂和失去親愛家人的痛。

我和臺灣的學生連繫上並成為朋友。我們都是用英文溝通，他們還教我臺語，這一切都要感謝我的學校，提供給我們資源和設備才有可能達成。

我想要向大家介紹我的老師們，他們是我現在快樂的泉源。費瑟（Faisal，胡光中）老師、娜蒂雅老師就像我真的家人，除了教育物資以外，他們更給予我更多精神鼓勵，願真主獎勵他們！同時我也要感謝主麻 · 圖拉亞（Juma Thuraya）老師，他就像父親一樣照顧我們這些孩子，激勵我們向上。他也是我們品格教育最大的後盾。

慈濟是所有人都在尋找的一個真正的人道團體，它從不放棄所接觸到的任何一位需要被幫助或想要學習的人。

最後，我想告訴大家：「是您們讓我們笑顏展露，是您們幫助了許多孤兒、抹去了他們臉上的淚水，也照顧了上千被迫遷徙的家庭。千千萬萬的感謝要給您們。實際上世界上再多的語言，都無法表達我對您們眾多恩情的感謝！」

祝所有慈濟人新年快樂。願真主賜與您們健康並獎勵您們，因為您們是人道精神、贈與和真愛的希望。

感謝您們所做的一切！

國際共善

# 伊亞德．阿布蒙克利博士（Dr. Iyad Abumoghli）

／聯合國環境規劃署信仰地球聯盟董事
（Director of the UNEP Faith for Earth Initiative）

證嚴上人說：「隨著心態的改變，
我們可以與包括病毒在內的所有生物和平相處！」
這些話語仍然迴盪在我耳邊。

聯合國環境規劃署信仰地球聯盟董事（Director of the UNEP Faith for Earth Initiative）伊亞德．阿布蒙克利博士（Dr. Iyad Abumoghli）對於證嚴上人「敬天愛地」的理念非常認同。（照片提供／ Iyad Abumoghli）

地球倡議的信念始於 2017 年，策略方針是接觸各級宗教團體代表，其宗旨是實現永續發展的目標。希望與來自各教派的精神領袖及信仰機構通力合作，組成宗教間互動的核心網絡。對地球的保護將繼續下去，並成為全球聯盟。我們的主要目標不是要取代任何人，而是成為一個支援臂，作為聯合國手臂去支援所有以信仰為基礎的組織工作。

地球事務不容推諉，無論什麼背景或種族，我們都被綁在一起，面臨氣候變遷的挑戰。每個人都要主動參與，繼續向各國政府決策者、國際社會、宗教界及民間社會行動者進行呼籲。應對氣候變化及其他環境影響的最佳方式，就是集合志同道合的人建立聯盟才能一起推動，説動政府及與決策者合作，來應對環境挑戰。

2019 年，慈濟志工曾慈慧前往肯亞的環境署，參加聯合國環境大會——「地球對話的信念」會議，當時有代表各國政府、民間社會組織及私營機構等七千多人出席會議，並願與當地社區合作，慈濟也是其中一員。會議中探討慈濟基金會致力於環保行動的努力，慈濟的分享讓出席者驚豔。

環境署和糧農組織正在動員包括國際社會的宗教組織在內，想辦法恢復生態系統，並防止破壞。其中一個解決方案是素食，因為以動物為基礎的飲食，會造成環境方面的高昂成本。我一直在告訴自己的孩子們，吃一個漢堡要消耗二千一百升的水，所以從環保的觀點分享科學數據，進而推廣植物性飲食是勸素的最好辦法。

另一個途徑是環境署為減少食物浪費、回收再利用，和開展關於飲食及減少浪費的全球運動，環境署正在促進持續促進糧食生產和消費形式。

證嚴上人與慈濟基金會在全球宗教間會議上提出的「敬天愛地」是極好的理念，非常感激慈濟的貢獻！證嚴上人說：「隨著心態的改變，我們可以與包括病毒在內的所有生物和平相處！」這些話語仍然迴盪在我耳邊。慈濟基金會及其領導人、志工的願景，非常符合聯合國的願景和地球信仰倡議。證嚴上人的靜思語與「地球信仰」的願景是相同的，即是與萬物和諧相處、平衡生活。

## 阿扎・卡拉姆教授（Prof. Dr. Azza Karam）

／國際宗教和平秘書長
（Secretary General Elect of Religions for Peace International）

**啟發志工精神為所有人服務，**
**就是人類最真實的本性，**
**也就是人之所以為人的意義。**

阿扎・卡拉姆教授（Prof. Dr. Azza Karam）堅信我們必須要超越任何宗教信仰、種族、性別、膚色的藩籬，消弭分歧，團結起來，為所有人類服務，讓每一個人都成為更好的人。（照片提供／ Azza Karam）

和平宗教組織也有宗教機構和信仰團體，它的成員都是來自於世界各地。成立以來的主要訴求，是將宗教信仰人士、機構和社區團結起來，共同為全人類的和平服務，並正視和平的發展、落實人道主義，以及人權的安全和保障。

我堅信這是人類共同的使命，無論任何宗教信仰、種族、性別、膚色，我們必須消弭分歧，並超越宗教藩籬團結起來，為所有人類服務，讓每一個人成為更好的人。

我在聯合國任職期間，有一次，在會議上結識了慈濟志工曾慈慧；她跟我分享一條環保毛毯，而這毛毯是慈濟在全球各地的人道救援中，其中的一項救援物資。我記得曾慈慧也向我展示可以折疊成椅子的多用途桌子（福慧桌椅），還有福慧床。她還透過地圖向我說明，慈濟人道救援遍布在全球各地的足跡。當時，我對這個佛教組織的無私奉獻精神，留下深刻印象；也完全被它的使命，及廣闊的服務範疇，還有大愛精神所吸引。

我也邀請曾慈慧代表慈濟，參加世界人道主義峰會的會前會。當時，曾慈慧應邀來參加並介紹慈濟的歷史，這是我第一次聽到，由女性宗教領袖所創立的組織，這令我感到非常興奮。我當時在想：證嚴上人可以讓全世界數百萬人受益，還有什麼比這樣的服務、奉獻和信念，更加美善的故事呢？

我向慈濟學習力行和服務的智慧，我終生都將學習這樣的智慧。而服務付出就是慈濟自創立以來的象徵，並且一直遵守及落實的核心理念。它所做的是為全人類服務，並在做的事當中啟發人們的信念，而這份信念，是我們所能給予別人最珍貴的禮物。

啟發志工精神為所有人服務，就是人類最真實的本性，也就是人之所以為人的意義。慈濟有強大的動員能力，而它的人力資源，多數都是志工；無論男女、老少都挺身而出，來為人群付出，並且啟發了人類的本性。從慈濟志工付出當中，體現出不管我們之間的差異如何，都願意共同為人們服務的精神。

目前正值全球疫情大流行的時刻，病毒不會區分宗教、種族，每個人都受到影響，因此這一刻，人性也不應有所分別。在最艱難的時期，跨宗教的合作為社區服務，如果能做到這點，就可以建立起社會的凝聚力與和平。

如果承諾去做，並且每天都要將這承諾放在心上，那就已經非常可貴。就像慈濟現在已經在做的，慈悲的承諾，可以在任何國家進行跨宗教的工作，並建立合作分工的模式。

慈濟透過參與國際會議，與其他組織成為夥伴關係；若能與其他信仰組織及聯合國各單位確實合作，將使工作的層面做得更深、走得更遠。由慈濟提出、制定一套無私的服務模式，就是沒有分別心地為各宗教、無信仰者及所有人服務。如果把這個模式常態化，我們將真正擁有一個非常美善的世界。

## 齊圖尼·烏爾德 - 達達博士（Dr. Zitouni Ould-Dada）

/ 聯合國糧食及農業組織氣候與環境部門副執行董事

（Deputy Director, Climate and Environment Division, Food and Agriculture Organisation of the United Nations）

**聯合國糧農組織與慈濟基金會的合作很重要，**
**透過共同的努力，**
**來預防氣候災難和普遍性飢荒。**

齊圖尼 · 烏爾德 - 達達博士（Dr. Zitouni Ould-Dada）肯定慈濟正視糧食安全、環境、健康和教育等各方面問題，也願意與其他組織合作，來共同實現目標。（照片提供／Zitouni Ould-Dada）

2020年有將近七億人口處於挨餓狀態，約有二十億人口無法取得安全和營養的食物，在COVID-19疫情影響下，使情況變得更加困難和複雜。預計到2020年底，全球營養不良人口總數將再增加八千三百萬至一億三千二百萬。如果這個趨勢再繼續延續，將無法扭轉聯合國永續發展的零飢餓目標。我們必須從大流行病中汲取教訓，重新思考如何與環境、自然界相互依存，以及如何動員國際之間彼此的合作和協助，來幫助弱勢社區；因為弱勢社區中的居民，是氣候變遷最大的受害者。

在人口持續增長的情況下，永續性的糧食消費對於確保世界各地的糧食安全，是非常重要的。 我們必須改變對食物的態度，重新思考生產方式、分配方式和消費方式，當下，我們還沒有以永續的方式做到這一點。目前糧食系統約佔溫室氣體排放量的三分之一，是造成氣候變遷的重要因素；農業使用了世界約70%的淡水，並佔據了很大一部分土地，而且在世界上某些地區，也是造成森林砍伐的重要原因。 如果我們想轉向永續和韌性的糧食系統，我們需要重新考慮所有這些面向。 我們必須轉向更有效率，更具彈性和更永續的糧食生產和糧食消費。

另外，目前所生產的食物中，有三分之一是損失掉或浪費掉的。尤其是想到，世界上有近七億人口正在挨餓，這確實是不能接受的。永續性糧食體系，人類與大自然必須做更好的結合、珍惜食物及其來源，進而停止浪費食物。

COVID-19 給了人類重新反思的機會，改變心態就是其中之一；人類生活在同一個地球上，所有人都會受到影響；因此我們需要共同努力、一起做更多事，相互保護。全球人類都需要良好的食物、健康、環境和教育，以期能擁有良好的生活和幸福。

慈濟正視糧食安全、環境、健康和教育等各方面問題，也願意與其他組織合作，來共同實現目標。當慈濟要幫助人們改善生活時，尤其是對弱勢和最需要的族群的援助，都是直接與人們互動，這確實進入到事情的核心點；直接進入現場與人接觸，達到更快速、更有效益及更有影響力。因為如果想改變人們的生活，就必須直接與他們互動。

糧農組織與慈濟基金會的合作很重要，透過共同的努力來預防氣候災難和普遍性飢荒。慈濟已具有快速行動的優勢，了解如何動員以及何時、何地動員，並且擁有人脈網絡、結構和基礎架構；並重視實際的解決方案，透過直接與人和社區的互動方式，以行動力來產生的影響。慈濟對實現目標的決心和慈悲心，始終如一。

恭喜慈濟基金會成立五十五週年，建議是將重點放在年輕人身上，作為變革的媒介。年輕人充滿熱情和動力，可以幫助慈濟發揮更大的作用，並產生更大的影響力。

## 阿曼達・瑞麗（Amanda Ree）

／美國紅十字會加州野火復原計畫執行董事
（Executive Director of the California Wildfire Recovery Programs）

**一個人不能獨自完成任何事，**
**但是當我們與合作夥伴坐在一起時，彼此激勵，**
**想法就變得發光發熱，這就是一件極其美麗的事情。**

阿曼達・瑞麗（Amanda Ree）說：「我看到慈濟的個案專員與個案之間，確實建立了一種非常美好的關係。」（照片提供／Amanda Ree）

我與佛教慈濟基金會最初的接觸，是在2018年加州坎普大火的災難恢復期間，慈濟志工提供經濟援助、轉介，並且給予財物損失慘重的災民們無量的溫暖和愛。志工們非常地謙遜、體貼和溫暖。

美國紅十字會（簡稱：ARC）與慈濟一直保持著長期的合作夥伴關係，也很支持慈濟志工和計畫。從ARC的角度來看，捐助者在重大事件之後，推動援助或以資金支持；這使得ARC在災難發生後，並不會直接參與災民個案處理，也不會設立兒童災區；這些都需要災後重建的夥伴來做——例如由我們的合作夥伴慈濟基金會來做。災後重建如果沒有與合作夥伴密切合作，是無法完成任何工作的。

舉例來說，哈維颶風（Hurricane Harvey）在休士頓肆虐許多社區之後，ARC與慈濟合作，為災區試辦社區外展、重建與教育，並提供資金援助；加州的火災，野火席捲北加和南加，我們也密切合作，為災難救援和重建共同努力。受災的社區至今仍在重建中，儘管有許多艱難，但ARC和慈濟等組織還是提供很多幫助，使得這條重建之路不會那麼艱鉅。這些夥伴關係提高社區的復原能力，建立整體的方案，與整體社區抗災的方法。

在COVID-19大流行之後，各組織和響應者的實施進度都面臨減緩或中斷。在洛杉磯和文圖拉縣（Ventura）的ARC資助的計畫，慈濟志工和工作人員與ARC進行協調，調整資金的使用，幫助這些之前受火災影響，後來又遭到 COVID-19 雙重影響的災民。

ARC 改變其資金運用的優先次序，例如增加牙科看診或學費支持，這些項目原來是不在 ARC 的使命中，但是由於建立了合作夥伴關係，讓 ARC 得以擴大其服務範疇，變得更具包容性和開放性，我認為夥伴關係是完成任務的結果。

當坎普大火發生時，我們根本沒想到會像今天一樣那麼喜愛慈濟。我們在慈濟遇到的每一個人，都不會浮誇和自我膨脹。慈濟做了很多工作，而不是只揮揮旗幟、吹吹號角。當我聽到他們為個案建檔災民需求申請表（the unmet needs table）時，我看到慈濟的個案專員與個案之間，確實建立了一種非常美好的關係。慈濟與眾不同的是它的謙卑，與慈濟每一次的合作，都是一種榮幸。

一個人是不能獨自完成任何事，但是當我們與合作夥伴坐在一起時，彼此激勵，想法就變得發光發熱，這就是一件極其美麗的事情。

## 北川 · 奧黛麗（Audrey Kitagawa）

／國際多元文化合作學院創始人兼校長

（Founder and President-International Academy for Multicultural Cooperation）

**證嚴上人正在做的事，**

**其實就是帶領數以百萬計的志工改變世界。**

北川 · 奧黛莉女士（Audrey Kitagawa）認為，尊重別人的信仰，但仍然能夠有共同的參與點，一起創造、討論解決方案，會讓這個世界從地方到全球都能變得更好。（照片提供／ Audrey Kitagawa）

國際多元文化合作學院是一個國際性的組織，連結不同宗教和文化對於有關和平、人類安全的議題，彼此對話。我們集合全球各地傑出人士，共同討論氣候、環境和經濟正義的議題，並分享以道德和價值觀為基礎的領導原則，強調女性領導力的重要性。

我是一名專業律師，在夏威夷檀香山執業多年。很幸運地，在我的人生中有兩位堅強的女性，她們對我的生活和工作具有影響力。

第一位是我的母親，她讓我正視教育和勤奮工作的重要性，以及對生活誠實的態度。第二位是我的心靈母親，她啟發我體會心靈生活的重要性，包含無私的服務、培養愛心、用心和正直，以及在我們聖潔的內心裡對上帝的愛，這些都是生活中的重要原則。她的愛的力量改變了我——猶如純淨的花蜜令我倍感甜蜜，成為我生活中不可或缺的一部份。

一個人能夠遇上自己的心靈導師是很有福報的，這位導師能夠將經典的教義實踐於日常生活中，那麼這位導師就有能力以身作則，將佛法傳給他的追隨者。證嚴上人之所以偉大，在於他遵循佛法並落實於生活中，這就是他真實的狀態。他單純樸實、不奢侈，放棄世俗生活，一生致力於傳述佛陀的教導，讓人們瞭解到實踐慈悲、尊重和無私奉獻，是生命及日常生活不可或缺的一部分，而佛法的闡述也可讓我們了悟「我」是誰？

當我在臺灣見到證嚴上人時，我的眼中充滿淚水。每當我想到他，或者分享有關於他的時候，就忍不住掉下眼淚。感恩他偉大的犧牲和承受的辛苦，以身作則成為追隨者的典範。他的個性溫和，說話如此溫柔，工作卻毫不懈怠，每天與很多人見面，孜孜不倦教導佛法。因此，當人們面對一位如此謙卑者時，實際上就是站在一位巨人的面前；而證嚴上人正在做的事，其實就是帶領數以百萬計的志工改變世界。

今天我們所面臨的全球挑戰，非常龐大和複雜，不是任何一個國家、組織或個人可以獨力應付的。為了實現大規模轉變，我們必須攜手並進，跨學科共同努力，創造一個轉捩點。這種共同攜手、彼此合作，並不是要把不同宗教信仰者轉變為跟你有同樣信仰；而是尊重別人的信仰，但仍然能夠有共同的參與點，一起創造、討論解決方案，讓這個世界從地方到全球都能變得更好。

這次 COVID-19 的大流行顯示，人們有能力發揮更大的慈悲心，快速地投入幫助和服務有需要的人。慈濟之美在於：任何地方需要幫助，慈濟人就走入那裡及時伸出援手，以無私的愛心為他們服務，喚醒每個人內在的尊嚴，並且以愛心和慈悲平等對待每一個人。

在此，我想分享美麗的《吉祥經》，它探討「人生最大的祝福是甚麼？」每當我聽到這句禪語時，便想到了證嚴上人。有人問佛陀，許多嚮往善的神靈和人群都在思考「什麼是最大的祝福？」他們請佛陀告訴大家；佛陀說：「勿近愚痴者，親近賢善人，尊敬有德者，是為最吉祥。居住適宜處，撒播善種子，置身於正道，是為最吉祥。」（漢譯南傳《大藏經》第二十七冊）「不要與愚昧人結黨營私，而要與智者交流學習。讚歎那些值得讚歎的人，這就是最大的祝福；過去做善事，並走上了正確的道路，這是最大的祝福……

當我聽到這些禪語時，我就會想到追隨證嚴上人的所有志工，他們在修行的道路上，正在體現這些禪語。我所遇到的慈濟志工，每一位都如此有愛心也非常友善。很高興看到證嚴上人和有幸追隨他的志工們，真正將證嚴上人的教導落實在生活中。當你的生活是無私地為別人服務時，你沒有時間生活在恐懼中，因為你不會以自我為中心，你總是為他人著想，並思考如何與他人分享。

《吉祥經》說：「生活於世間，心如如不動，無憂無煩惱，是為最吉祥。誰依此行持，處處也安穩，處處也喜樂，自身之吉祥。」（漢譯南傳《大藏經》第二十七冊）永遠堅守在已建立的幸福中的人，他們不會被擊倒，這就是最大的祝福。能夠認識證嚴上人對我而言，就是一個最大的祝福，因為他確實示現了佛陀在這部偉大的佛經中提到的種種德行。因此，我以開始時說過的話來做為結語：再次向證嚴上人表達最深的敬意、愛、問候，以及感激之情。

祝慈濟五十五周年快樂！

## 湯姆斯・阿布什（Thomas Albrecht）

／聯合國難民事務高級專員辦事處駐馬來西亞代表
（UNHCR Representative to Malaysia）

**當慈濟志工向難民提供援助時，**
**始終呈現工作倫理、耐心、慈悲和謙卑態度，**
**堪稱是人品典範。**

慈濟雪隆分會與聯合國難民事務高級專員辦事處（UNHCR）聯合辦理的安邦合心難民學校（Unity School）與士拉央和氣難民學校（Harmony School），2019 年 6 月 15 日假吉隆坡增江南區華文小學草場舉行運動會，聯合國難民事務高級專員辦事處代表湯姆斯・阿布什（Thomas Albrecht）在運動會致閉幕辭。（攝影／饒瑞泙）

「夥伴關係」是聯合國難民事務高級專員辦事處為難民提供有效保護及援助工作上的關鍵，對於加強難民社區的復原，並且共同為改進社會融合、社會和平共存而努力。所有非政府組織有很多機會強化不同組織之間的夥伴關係，並發揮協同效應，以期提供有效的援助。

土耳其的慈濟志工定期與聯合國難民事務高級專員辦事處人員進行協調，共享資源和信息，為伊斯坦堡的難民和流離失所者提供更好的服務。此外，慈濟人還參加了「難民問題全球契約」（GCR），以及在 2019 年冬季舉辦的首屆全球難民論壇（GRF）。

在人道救援上有四個要點：讓婦女、男子、男孩、女孩能夠獲得服務，並且給予特殊需求者特別的關注；以安全及尊重為前提，提供保護和協助，降低保護的風險；實施責任制並啟動受益人回饋意見，以此衡量實務措施的效能和充分性；鼓勵難民參與自己社區的保護措施，這種以社區為基礎的方式，可促成賦權於社區居民。而我所看到的慈濟最為傑出的一環，也就是上述所列的第四點。

在伊斯坦堡，慈濟開辦的一所學校，所有員工、老師、校長、行政人員、顧問，甚至輔導人員都是難民；在吉隆坡和曼谷，慈濟所開設的義診中心，難民也承擔重要的角色，他們除了承擔烹飪、翻譯工作外，還有多數人經過志工培訓後，為社區居民提供健康教育。

慈濟的四大志業與它悲天憫人的宏願，方向一致；當慈濟志工向難民提供援助時，始終呈現工作倫理、耐心、慈悲和謙卑態度，堪稱是人品典範。聯合國難民事務高級專員辦事處對於所有慈濟志工的努力和貢獻，都給予高度評價。

## 弗列裘 · 哈布牧師（Reverend Fletcher Harper）

/ 綠色信仰執行董事
（Executive Director of GreenFaith）

**我看到慈濟是具有轉變力量的團體，**
**它有同理心的文化，**
**每一次與人相處都是表現愛心和用心的機會。**

「2019 年第五屆慈濟論壇」於 9 月 19 日至 20 日在新北市新店靜思堂舉行。邀請來自全球十個國家地區的專家學者、NGO 組織代表與會，針對論壇主題「全球防災與永續經營」探討，國際綠色信仰執行董事弗列裘 · 哈布牧師（Reverend Fletcher Harper）發表專題演講。（攝影／許金福）

綠色信仰是一個國際跨宗教維護氣候和環境的組織，它認識到地球和所有人都有基本的神聖性；由於氣候變遷，造成地球和人類都處於危險之中，為了轉變公眾的環保意識，並促使金融和政府機構轉向環保政策；綠色信仰提倡「改變從生活中做起」，並為不同宗教背景和信仰的人們，提供教育和培訓。

人類的繁榮與安定取決於一個健康的地球，什麼是對地球傷害最大的行為？是飲食、供電的能源以及交通。我們尋求有興趣從事這些領域的夥伴，這是攸關「您對人類有同胞愛與慈悲嗎？」「您對地球這神聖的禮物，有深刻的敬意嗎？」我們的策略是公開與這些宗教團體接觸，並讓他們從自己開始，了解自己的生活方式和行為所產生的影響；並透過組織機構，可以成為人們改變生活習慣和行為的場所。

慈濟和綠色信仰合作是在 2019 年，特別是在飲食領域，慈濟早已經在推動蔬食。而推動蔬食與慈濟對生活的信念和觀點是一致的，它甚至於將植物性餐食納入慈善工作中，供給飢餓和需要營養的人們食用。

我對慈濟的第一個印象是，慈濟基金會是立基於佛教傳統和社區的人道救援組織。我看到慈濟是具有轉變力量的團體，它有同理心的文化，每一次與人相處都是表現愛心和用心的機會。慈濟堅守其信仰、價值觀，並將佛教戒律付諸實踐。

當慈濟更深入涉獵氣候變遷的問題時，整個團體都學習了環保知識，然後付諸行動，而不只是一種理論的體驗。我一直很欣賞慈濟的另外一點是，它以一種很直率、可愛的方式，謙虛而清晰地傳達慈濟的信念和價值觀。

我認為信仰組織要從三個方面去考慮：個人參與、組織機制參與，以及系統性參與，它們就像三個齒輪相互連結。在個人參與方面，雖然宗教和信仰背景不同，但一樣可以採用植物性飲食，在家中使用可再生能源，以及儘量少使用汽車和飛機旅行，減少碳足跡。組織機制參與方面，各寺廟、清真寺、猶太教堂，以及基督教堂，都必須在生活中實踐環保，讓環保價值成為典範，這就是慈濟做得如此出色的地方。

第三種方式是系統性參與，宗教團體必須扮演很重要的角色去傳達。因為在控制氣候變遷的目標遠遠落後，這意味著成千上萬人的生活，將受到破壞；他們將面臨流離失所，失去生計、無家可歸。由於宗教的慈悲觀，且有獨特的機會與社會及決策者對話，懇請他們制定共同生存的準則和保護的規則。

慈濟在宗教領域中，發現到不同宗教其教義的共同性，甚至可以和不同信仰者和諧共事；關心土地、慈悲待人，並致力於地球和平以及大愛，是普遍被接受的概念，也是全世界所有的宗教，一致宣揚的教義。

慈濟所做的就是將我們的內心與外在世界，清晰地連結在一起，這些就是慈濟打動我的地方。它所呈現的是慈悲與用心、注重細節，以及將每一時刻都視作改變的機會，對我來說，這確實非常重要。

我想表達對慈濟精神真誠的感恩，我與慈濟每一次互動，都是發人深省而深具意義的，我確實很珍惜我們之間的情誼，謝謝！

# 彼得 · 空德神父（Father Peter Konteh）

／獅子山共和國天主教自由城明愛會
（Caritas Freetown, Republic of Sierra Leone）

**慈濟和明愛會都是宗教組織，**
**跨越了宗教、種族或信念的藩籬，**
**專注於援助社會上最需要幫助的人。**

慈濟與希利國際救濟基金會、天主教明愛會合作，2016 年 4 月 10 日前往自由城的孤兒院發放募集的衣物及鞋子，給父母因伊波拉病毒感染死亡的孤兒。彼得神父（Peter Konteh，後左一）、慈濟陳燦陽師兄（後右一）、史蒂芬 · 豐巴師兄（Stephen T. Fomba，後中）與領取物資的院童合影。（攝影／黃友彬）

2014年底，肆虐獅子山共和國的伊波拉病毒疫情結束後，佛教慈濟基金會立即在當地展開人道援助工作。慈濟不僅進行疫情後的賑災，還伸出援手幫助遭受土石流、水災和火災的災民。與慈濟的合作經驗很令人欣喜，因為慈濟是如此傑出的慈善組織，致力於減輕弱勢者的痛苦且不餘遺力。

慈濟與天主教明愛會（Caritas Freetown）、希利國際救濟基金會（Healey International Relief Foundation）及蘭頤基金會（Lanyi Foundation）攜手合作，為視障、肢體障礙、弱勢婦女、兒童和孤兒提供服務。慈濟和明愛會都是宗教組織，跨越了宗教、種族或信念的藩籬，專注於援助社會上最需要幫助的人，我很欣慰這兩個組織都是窮人和弱勢者主要的選擇。

我曾在獅子山共和國、美國、臺灣、南非和其他地區與慈濟志工接觸，心中感到既謙卑又歡喜。作為一位宗教信仰者，看到慈濟志工所呈現的慈悲，令人覺得很欣慰。我相信慈濟已經成為華人世界最大的慈善組織，這歸功於所有志工誓願服務人群所展現出的熱情、愛心和無私的奉獻，慈濟最大的價值即在於為弱勢者傳遞愛與關懷。

我很肯定慈濟的慈善、醫療、教育和人文四大志業，以及加上國際賑災、骨髓捐贈、環境保護、社區志工合稱八大法印，這些使命都是當今世界的重大需求，也需要更多有愛心的人參與。

五十五 年前，證嚴上人秉持初心成立了慈濟基金會，承擔起拯救生命的使命，也帶給全世界難以置信的正面影響。我們無法衡量慈濟對世界直接或間接的影響，因為在人們最需要的時候提供最即時的援助，是彌足珍貴而無法計量的。我真誠地表達對證嚴上人的感謝和敬意，謝謝您上人！真誠祝福您！

我們展望未來仍要保持合作關係，繼續為人群服務，更希望延伸我們的服務給更多需要幫助的人，進而改善弱勢族群的生活。我們的攜手合作不僅要帶給社會正面的影響，還要去感動更多人，並讓他們對生命重燃希望。

## 甘若飛（Raphael Gamzou）

／以色列駐葡萄牙大使
前以色列駐臺北經濟文化辦事處代表

---

**我們愛慈濟！**
**我們認為慈濟是最大的人道主義組織，**
**不分種族或宗教，提高全人類生活的質量。**

---

2008 年 2 月 3 日春節期間，臺北市建國假日花市連續營業五天，慈濟環保志工配合花市營業時間做資源回收。時任以色列駐臺北經濟文化辦事處代表甘若飛（Raphael Gamzou，右）也加入慈濟環保志工的行列。（攝影／羅燕玲）

我曾經是以色列駐臺大使，從那時候起，我就認定自己是海外慈濟人。證嚴上人教導我們要珍惜和愛護和平，這次，我從號稱為「和平之城」的耶路撒冷發出問候，並藉此機會，祝願證嚴上人和全體慈濟人萬事如意、新年快樂！

慈濟五十五周年紀念對我來說非常有意義，慈濟改善了我和妻子甘蜜荷（Michal Gamzou）的生活。我們在臺灣時是慈濟志工，無論我們走到哪裡或任何外交駐地，我們都會與慈濟朋友保持聯繫。這幾天，由於葡萄牙外交部長來訪，所以我在以色列這裡；在葡萄牙的時候，我也參與了慈濟團隊，一起去幫助山林大火的受害者。

我們愛慈濟。我們認為慈濟是最大的人道主義組織。慈濟也有其他活動，例如骨髓捐贈，和各種不分種族或宗教，為提高全人類生活質量的活動。感恩慈濟！感恩證嚴上人！

# 慈濟大事記

| 1966 | |
|---|---|
| 年初 | 上人因探病目睹原住民難產婦人的一灘血，以及三位修女來訪，發願濟世救人。 |
| 2 月 | 上人原將移居嘉義妙雲蘭若，受三十位信眾連署挽留在花蓮。 |
| 5 月 14 日 | 「佛教克難慈濟功德會」成立。 |
| 5 月 | 濟助第一例長期照顧戶林曾老太太，與第一例醫療個案盧丹桂。 |

| 1967 | |
|---|---|
| 7 月 | 《慈濟》月刊創刊，建構募款徵信第一步。 |
| 11 月 | 為貧民李阿抛興建房屋，奠定日後永久屋援建模式。 |

| 1969 | |
|---|---|
| 2 月 | 於普明寺舉辦首次冬令發放。 |
| 5 月 | 花蓮靜思精舍落成啟用。 |
| 10 月 | 艾爾西風災造成臺東大南村大火 148 戶受災，慈濟首次大型賑災。 |

| 1972 | |
|---|---|
| 9 月 | 於花蓮市仁愛街成立「慈濟功德會附設貧民施醫義診所」。 |

| 1973 | |
|---|---|
| 10 月 | 證嚴上人親訪玉里勘查「娜拉」風災並成立賑災小組，奠定日後勘災模式。 |

| 1975 | |
|---|---|
| 3 月 | 證嚴上人親率委員落實訪視複查。 |

| 1976 | |
|---|---|
| 12 月 | 證嚴上人率眾環島訪貧複查。 |
| 12 月 | 獲臺灣省政府評定為全省寺廟興辦公益慈善事業績優，首獲政府表揚。 |

| 1977 | |
|---|---|
| 8 月 | 賽洛瑪、薇拉颱風賑災。144 戶，493 人受益。52 戶長期照顧。 |
| 12 月 | 屏東分會成立。 |

| 1978 | |
|---|---|
| 9 月 | 證嚴上人初訪樂生療養院，並專款補助院內生活。 |
| 12 月 | 濟助漂泊至澎湖的越南難民。 |

| 1979 | |
|---|---|
| 7 月 | 證嚴上人發起籌建佛教慈濟綜合醫院。 |

| 1980 | |
|---|---|
| 1月 | 依法設立「財團法人臺灣省佛教慈濟慈善事業基金會」。 |
| 10月 | 因花蓮慈濟醫院建地問題，省府主席林洋港先生、蔣總統經國先生，分別來訪關心。 |

| 1983 | |
|---|---|
| 11月 | 在臺北空軍官兵活動中心籌募首次大型建院義賣活動。 |

| 1985 | |
|---|---|
| 1月 | 「取之當地·用之當地」，海外第一個據點，美國分會成立。 |
| 11月 | 慈濟第一個廣播節目，民本電臺《慈濟世界》開播。 |

| 1986 | |
|---|---|
| 8月 | 花蓮慈濟醫院啟業，推行醫院免收住院保證金制度。 |
| 9月 | 《慈濟道侶》創刊。 |
| 12月 | 慈院志工服務隊正式成立。 |

| 1989 | |
|---|---|
| 9月 | 慈濟護專創校開學。 |
| 10月 | 「懿德母姊會」成立。 |
| 11月 | 《證嚴法師靜思語》出版問世。 |

| 1990 | |
|---|---|
| 8月 | 證嚴上人於吳尊賢公益講座中呼籲人人以「鼓掌的雙手做環保」，開啟慈濟環保志業之門。 |

| 1991 | |
|---|---|
| 4 月 | 與金車基金會合辦「預約人間淨土」活動，改善社會風氣。 |
| 6 月 | 美國分會募款援助孟加拉風災。慈濟展開國際人道援助。 |
| 7 月 | 大陸華東發生特大水患，受災 19 省，災民數億人，慈濟派團首次踏入大陸展開援助行動，於安徽、江蘇、河南三省進行大型發放、援建大愛屋 3,107 戶、學校 13 所。 |

| 1992 | |
|---|---|
| 12 月 | 援助外蒙古，慈濟首次親赴海外賑災。 |

| 1993 | |
|---|---|
| 1 月 | 首次進入非洲，與法國世界醫師聯盟（MDM）合作展開三年「衣索比亞醫療援助方案」。 |
| 3 月 | 「靜思文化」成立。 |
| 9 月 | 尼泊爾水災援建大愛屋 1800 戶。 |
| 10 月 | 「慈濟基金會骨髓捐贈資料中心」成立。 |

| 1994 | |
|---|---|
| 4 月 | 華航名古屋空難事件關懷。 |
| 4 月 | 關懷浙江千島湖事件受難者家屬。 |
| 7 月 | 與 MDM 合作援助盧安達戰禍難民。 |
| 11 月 | 柬埔寨連年水患，持續三年援助。 |
| 10 月 | 慈濟醫學院創校。 |

| 1995 | |
|---|---|
| 1月 | 啟動泰北三年扶困計畫。 |
| 2月 | 板橋氣爆、衛爾康火災援助。 |
| 4月 | 柬埔寨赤棉戰禍，援助馬德旺省八萬六千難民。 |
| 7月 | 於南非成立職訓所。 |
| 10月 | 與 MDM 合作醫療援助車臣戰火難民。 |

| 1996 | |
|---|---|
| 8月 | 強颱賀伯肆虐，動員全臺志工救災，成立「社區志工」。 |
| 11月 | 援助亞塞拜然戰爭受害孤兒及難民。 |
| 11月 | 與 MDM 合作，設立兒童之家，收容象牙海岸街童，並展開職訓與輔導計畫。 |

| 1997 | |
|---|---|
| 8月 | 溫妮風災，援助臺北縣汐止林肯大郡與新莊、北市天母、內湖等受災戶。 |
| 8月 | 馬來西亞分會第一座「佛教洗腎中心」於檳城成立。 |

| 1998 | |
|---|---|
| 1月 | 慈濟大愛電視臺開播。 |
| 1月 | 「慈濟醫事人員聯誼會」更名為「慈濟人醫會」。 |
| 2月 | 華航大園空難事件關懷。 |
| 2月 | 與美國騎士橋組織合作援助阿富汗地震災民。 |
| 5月 | 秘魯水患，援建 100 間土磚屋。 |
| 5月 | 於印尼排華暴動區勘災，針對缺糧受災戶發放。 |

| 1998 | |
|---|---|
| 7 月 | 巴布亞紐幾內亞海嘯，援助醫療物品、工具袋。 |
| 8 月 | 大陸甘肅第一座水窖動工興建，援助通渭、會寧兩縣 260 戶居民。 |
| 10 月 | 瑞伯、芭比絲風災援助。 |
| 10 月 | 強烈颶風密契重創中美洲，發起「情牽中南美、衣靠有情人」募衣專案，援助宏都拉斯等六國。 |
| 11 月 | 捐款援助車諾比核災兒童醫院，提供受害病童醫療藥品、毛毯。 |

| 1999 | |
|---|---|
| 1 月 | 北朝鮮飢荒援助，3 月發放化肥、嬰兒奶粉、冬衣。 |
| 2 月 | 哥倫比亞震災援助。 |
| 3 月 | 玉里慈濟醫院啟業。 |
| 4 月 | 與美國騎士橋組織和 MDM 合作援助科索沃難民。 |
| 8 月 | 土耳其大地震援助。 |
| 9 月 | 臺灣 921 大地震，慈濟動員全臺志工投入救災。 |
| 10 月 | 澳洲分會與印尼分會援助東帝汶政治衝突下的難民。 |

| 2000 | |
|---|---|
| 3 月 | 關山慈濟醫院啟業。 |
| 4 月 | 921 希望工程啟動，第一所援建學校豐東國中動土。 |
| 6 月 | 深入大陸貴州窮鄉僻壤，擬定長期扶困計畫。 |
| 8 月 | 教育完全化：慈濟醫學暨人文社會學院改制為慈濟大學、花蓮慈濟中小學創校。 |

| 2000 | |
|---|---|
| 8 月 | 大林慈濟醫院啟業。 |
| 10 月 | 關懷新航空難家屬。 |
| 11 月 | 象神風災重創北臺灣，動員志工協助家園清掃及關懷。 |

| 2001 | |
|---|---|
| 1 月 | 薩爾瓦多強震，援建大愛村 1,175 戶。 |
| 4 月 | 印度強震援助，慈濟與法國關懷基金會 CARE France 合作，由新加坡與馬來西亞分會募款捐建大愛屋 227 戶。 |
| 7 月 | 關懷桃芝風災，援建花蓮見晴大愛村 12 戶。 |
| 9 月 | 納莉風災，動員兩萬人次志工協助家園清掃。 |
| 9 月 | 關懷 911 事件受害者家屬，全球慈濟人發起祈福、募心運動：「愛灑人間植福田 — 一人一善遠離災難」。 |
| 10 月 | 再次與美國騎士橋合作濟助阿富汗戰火難民。 |

| 2002 | |
|---|---|
| 1 月 | 援助印尼紅溪河長期計畫啟動。援建學校、大愛村 1,680 戶。 |
| 3 月 | 關懷 331 震災受災戶，9 月援建臺北土城清水國小。 |
| 4 月 | 「慈濟骨髓幹細胞中心」成立。 |
| 5 月 | 華航澎湖空難事件關懷。 |
| 5 月 | 慈濟大學進行全臺首創「大體模擬手術教學」。 |
| 7 月 | 花蓮慈濟醫院升格為醫學中心。 |

| 2003 | |
|---|---|
| 3 月 | 援助美伊戰爭下的伊拉克難民。 |
| 4 月 | SARS 期間支援防疫；發起「同心共濟弭災疫」活動、 呼籲齋戒。 |
| 6 月 | 花蓮慈濟醫院成功完成菲律賓連體女嬰分割手術。 |
| 10 月 | 美國南加州大火，緊急救援，發放逾 2700 戶受災戶。 |
| 12 月 | 伊朗巴姆大地震，援建五所學校。 |

| 2004 | |
|---|---|
| 4 月 | 慈濟國際人醫會獲第十四屆醫療奉獻獎。 |
| 7 月 | 敏督利風災援助。 |
| 8 月 | 艾利風災援助。 |
| 8 月 | 成立慈濟人道救援會。 |
| 12 月 | 南亞大海嘯，援助印尼大愛屋 2566 戶、斯里蘭卡學校及大愛屋 649 戶、馬來西亞、泰國。 |

| 2005 | |
|---|---|
| 3 月 | 吉隆坡分會與聯合國難民事務高級專員辦事處 UNHCR 簽約合作，大馬緬甸難民長期援助計畫。 |
| 5 月 | 臺北慈濟醫院啟業。 |
| 5 月 | 泰國清邁慈濟學校創校開學。 |
| 6 月 | 印順導師圓寂。 |
| 7 月 | 臺灣海棠、泰利、龍王等風災援助。 |
| 8 月 | 援助美國卡崔娜風災災民發放現值卡。 |
| 10 月 | 巴基斯坦地震援助。 |

| 2006 | |
|---|---|
| 5 月 | 印尼日惹強震援助。 |

| 2007 | |
|---|---|
| 1 月 | 臺中慈濟醫院啟業。 |
| 5 月 | 援助玻利維亞水患。 |
| 6 月 | 印尼大愛臺開播。 |
| 6 月 | 各地慈濟人推動「靜思好話一條街」活動。 |
| 8 月 | 臺南慈濟中小學創校開學。 |
| 12 月 | 開辦新芽獎學金。 |

| 2008 | |
|---|---|
| 2 月 | 獲准在中國大陸成立基金會。 |
| 3 月 | 大陸甘肅省移民遷村計畫啟動。 |
| 5 月 | 援建汶川地震十三所希望工程。 |
| 5 月 | 緬甸納吉斯風災援建學校十五所。發放災民逾十八萬人次。 |
| 7 月 | 臺灣卡玫基、鳳凰風災援助。 |
| 9 月 | 臺灣辛樂克、薔蜜風災援助。 |
| 10 月 | 因應全球糧荒、金融危機，推動「清平致富」理念，呼籲人人惜福愛物，清平生活。 |
| 12 月 | 大愛感恩科技公司成立。 |

| 2009 | |
|---|---|
| 1月 | 海地連受四颶風侵襲，美國總會啟動「海地人道援助與賑災計畫」。 |
| 2月 | 推動「安心就學方案」，幫助金融危機、無薪假家庭學童。 |
| 8月 | 莫拉克水災災後重建，援建1302戶大愛屋。 |
| 9月 | 菲律賓凱莎娜風災援助，開啟「以工代賑」賑災新模式。 |
| 11月 | 與法務部、教育部合作「無毒有我 · 有我無毒」反毒運動。 |

| 2010 | |
|---|---|
| 1月 | 海地百年強震，援助災民五萬戶，學校三所。 |
| 3月 | 智利強震援助。 |
| 3月 | 甲仙地震重創南部，援建臺南玉井國中與高雄甲仙國小臨時教室29間。 |
| 7月 | 獲得「聯合國經濟及社會理事會非政府組織特殊諮詢地位」。 |
| 9月 | 臺灣凡那比、梅姬等風災援助。 |
| 10月 | 巴基斯坦水患，研發福慧床。 |
| 10月 | 慈濟骨髓幹細胞中心獲世界骨髓捐贈者協會（WMDC）國際認證，專業服務品質受肯定。 |

| 2011 | |
|---|---|
| 1月 | 澳洲昆士蘭世紀水患援助。 |
| 2月 | 紐西蘭基督城地震援助。 |
| 3月 | 日本311複合式災難，援助災民96,976戶。 |
| 3月 | 花東社區總體營造計畫啟動，關懷服務偏鄉民眾。 |

| 2011 | |
|---|---|
| 7 月 | 「印尼慈濟學校」創校啟用。 |
| 8 月 | 北朝鮮糧荒，援助災民十四萬戶。 |
| 8 月 | 南瑪都風災援助。 |
| 9 月 | 泰國水患援助。 |
| 10 月 | 中美洲豪雨成災，援助瓜地馬拉、薩爾瓦多、宏都拉斯三國。 |
| 11 月 | 約旦慈濟志工首次對境內敍利亞難民進行發放。 |

| 2012 | |
|---|---|
| 6 月 | 臺灣 610 水災、蘇拉、天秤、泰利等風災援助。 |
| 7 月 | 義大利東北地震援助。 |
| 7 月 | 中國大陸七二一特大洪癆，援助北京，四川逾一萬六千受災戶。 |
| 10 月 | 美國桑迪風災，援助災民 16,985 戶。 |

| 2013 | |
|---|---|
| 4 月 | 四川雅安地震，援建學校四所、發放逾一萬戶。 |
| 7 月 | 蘇力風災援助。 |
| 8 月 | 潭美、康芮風災援助。 |
| 9 月 | 菲律賓三寶顏內戰貧民、保和島地震援助。 |
| 11 月 | 菲律賓海燕風災，援建 2,700 戶大愛簡易屋，192 間簡易教室。發放災民逾 6,500 戶。 |

| 2014 | |
|---|---|
| 2 月 | 援建老舊校舍，啟動減災希望工程。 |
| 3 月 | 馬來西亞航空兩起空難事件關懷。 |
| 7 月 | 復興航空澎湖空難事件關懷。 |
| 7 月 | 波士尼亞世紀洪災，含德國在內，八國慈濟人發放援助。 |
| 8 月 | 高雄石化氣爆，關懷 18,632 戶。 |
| 10 月 | 土耳其慈濟人發放物資援助敘利亞難民。 |
| 12 月 | 東馬水患援助。 |

| 2015 | |
|---|---|
| 1 月 | 與希利國際救濟基金會合作，援助西非獅子山共和國伊波拉疫情。 |
| 1 月 | 泰國分會援助包含孟加拉與緬甸洛興雅族在內的國際難民。 |
| 2 月 | 關懷復航基隆河空難。 |
| 4 月 | 尼泊爾強震援助。 |
| 5 月 | 土耳其志工於伊斯坦堡成立「滿納海」中小學，圓滿敘利亞難民學童求學夢。 |
| 6 月 | 關懷八仙塵爆意外。 |
| 8 月 | 臺灣蘇迪勒風災，關懷 909 戶，動員 2 萬人次志工協助家園清掃。 |
| 8 月 | 「慈濟技術學院」更名為「慈濟科技大學」。 |

| 2016 | |
|---|---|
| 1 月 | 關懷塞爾維亞中繼站之敘利亞難民。 |
| 2 月 | 關懷 0206 臺南大地震。 |
| 4 月 | 日本熊本強震援助。 |
| 4 月 | 厄瓜多強震援助。 |
| 6 月 | 法國塞納河百年水患援助。 |
| 7 月 | 臺灣尼伯特風災援助。 |
| 7 月 | 關懷遼寧觀光團在臺火燒車意外。 |
| 8 月 | 義大利強震事件援助。 |
| 10 月 | 海地馬修颶風事件援助。 |

| 2017 | |
|---|---|
| 2 月 | 關懷蝶戀花遊覽車翻覆意外。 |
| 4 月 | 厄瓜多水患援助。 |
| 5 月 | 臺東減災希望工程啟用典禮。 |
| 8 月 | 美國哈維、艾瑪颶風風災援助。 |
| 8 月 | 2015 蘇迪勒風災，援建桃園合流部落永久屋啟用。 |
| 8 月 | 獅子山共和國土石流、水患援助。 |
| 9 月 | 墨西哥強震援助。 |
| 9 月 | 江蘇龍捲風災，援建孔蕩大愛村 282 戶。 |
| 10 月 | 美國加州林火援助。 |

| 2018 | |
|---|---|
| 2 月 | 0206 花蓮地震事件援助。 |
| 2 月 | 葡萄牙森林大火事件援助。 |
| 2 月 | 莫三比克垃圾山崩塌事件關懷。 |
| 7 月 | 寮國阿速坡省水壩潰堤事件援助。 |
| 8 月 | 0823 致災性豪雨事件關懷。 |
| 9 月 | 日本燕子颱風風災事件關懷。 |
| 9 月 | 大陸、香港山竹颱風風災事件關懷。 |
| 10 月 | 為龍目島地震及蘇拉威西地震災區，援建三千間房屋。 |
| 10 月 | 臺鐵 6432 次普悠瑪出軌事故援助。 |
| 11 月 | 美國北加州坎普大火，慈濟北加州分會志工展開發放援助。 |
| 12 月 | 美國紅十字會舉辦 2018 年英雄獎（2018 Hero Award），慈濟基金會獲頒國際人道獎（International Humanitarian）。 |

| 2019 | |
|---|---|
| 1 月 | 雲林縣斗六慈濟醫院啟業。 |
| 1 月 | 慈濟基金會獲得聯合國環境署（UNEP）肯定，取得非政府組織觀察員身分。 |
| 3 月 | 援助中國大陸青海雪災。 |
| 3 月 | 熱帶氣旋伊代（Idai）風災，陸續援助馬拉威、莫三比克、辛巴威等國。 |
| 4 月 | 與美國紅十字會簽訂合作備忘錄。 |
| 4 月 | 慈善志業首踏尚比亞。 |

| 2019 | |
|---|---|
| 6 月 | 援助中國四川宜賓地震、中國福建順昌水災急難關懷大愛村援建。 |
| 8 月 | 獅子山共和國水患事件援助。 |
| 8 月 | 寮國首次大型義診活動。 |
| 10 月 | 宜蘭縣南方澳斷橋事件援助。 |
| 10 月 | 援建菲律賓民答那峨島強震。 |

| 2020 | |
|---|---|
| 1 月 | 因應 2019 年新型冠狀病毒肺炎（COVID-19）疫情，即日起每日召開「慈濟全球防疫協調總指揮中心」會議，提供全球防疫物品援助。 |
| 1 月 | 推出「安穩家園．美善社區」專案，關心獨居長者及弱勢家庭，提供居家安全改善、長者照顧、貧童助學以及其他社會慈善需求等協助。 |
| 1 月 | 推動與各縣市政府簽署「多元共善備忘錄」，進行慈善關懷、協同救災、防災教育、醫療衛生、生態環保及公益人文等多項合作。 |
| 1 月 | 阿爾巴尼亞地震援助。 |
| 7 月 | 獲頒寮國國家獎，表揚慈濟對該國人民的慈善援助。 |
| 8 月 | 邀請優人神鼓舉辦《金剛心》感恩祈福公演。 |
| 9 月 | 與國家災害防救科技中心（NCDR）共同舉辦國際青年防救災研習營。 |
| 11 月 | 與印度八蚌智慧林合作，提供弱勢家庭防疫物資援助。 |
| 11 月 | 菲律賓梵高、天鵝颱風援助。 |
| 12 月 | 孟加拉疫情紓困援助。 |

| 2021（迄 5 月 5 日） | |
|---|---|
| 1 月 | 巴西聖保羅省水災援助。 |
| 1 月 | 馬來西亞彭亨等州水患援助。 |
| 1 月 | 莫三比克熱帶氣旋艾洛伊斯風災援助。 |
| 1 月 | 捐贈多明尼加由慈濟大學、臺北慈濟醫院及中央研究院共同研發的「新型冠狀病毒抗體快篩試劑」。 |
| 1 月 | 印尼西蘇拉威西省地震援助。 |
| 2 月 | 致贈桃園市政府安心祝福包及防疫物資，共同關懷居家隔離者與檢疫者。 |
| 2 月 | 與黎巴嫩圖瓦伊斯蘭協會合作，共同援助貧民。 |
| 2 月 | 尚比亞西部省水災援助。 |
| 2 月 | 厄瓜多欽博拉索省土石崩塌援助。 |
| 2 月 | 巴拉圭水患援助。 |
| 3 月 | 阿根廷丘布特省、黑河省林火援助。 |
| 3 月 | 獅子山共和國自由城貧民窟大火援助。 |
| 4 月 | 臺鐵第 408 車次太魯閣號意外事故援助。 |
| 5 月 | 慈濟五十五周年。 |

# 《慈濟五五 共善人間—慈濟五十五周年慈善見證》

發行人／顏博文
出版者／財團法人中華民國佛教慈濟慈善事業基金會
總策劃／何日生
企劃編輯／吳建良、羅世明
編校／羅世明、俸開璿、許淑椒、莊玉美
採訪及圖文協力／慈濟慈善發展處、宗教處文教推展組、文史處圖像組、王祝明、白富美、李嘉倩、巫慧俐、吳玉對、何予懷、林淑娥、林秋玉、柯玲蘭、凃君曄、洪易辰、施強譯、唐江湖、陳建谷、陳何嬌、張瑋修、章宏達、曾美伶、曾修宜、游濬紘、黃貞宜、楊琇婷、葉晉宏、詹憶明、熊毅、滕宗華、劉本介、蔡芬蘭、蔡淑蕙、蕭惠玲、蕭見智、鍾易叡（依姓名筆畫排序）

翻譯／丁雪玉、王薇雅、李德宏、李暘、何淑蓉、周德禎、洪嘉霙、陳慧盈、鄭茹菁、Rahul Sawant、Robert Chung

內頁美編設計／李玫儀 陳李少民
封面書法／東華大學廖慶華教授
製版印刷／永曜印刷文化事業有限公司
地址／新北市中和區中山路二段 255 號 10 樓之 8
電話／ (02)2240-3371
出版日期／ 2021 年 4 月初版
定價／新臺幣 350 元

國家圖書館出版品預行編目 (CIP) 資料

共善人間 ： 慈濟五十五周年慈善見證 = Creating a world of common goodness/慈濟基金會文史處彙編. -- 初版. -- 臺北市 ： 布克文化出版事業部出版 ： 英屬 蓋曼群島商家庭傳媒股份有限公司城邦分公司發行, 2021.04
284 面 ; 15x21 公分
ISBN 978-986-5568-71-9( 平裝 )

1. 佛教慈濟慈善事業基金會 2. 公益事業

548.126 110006135